La famille

Exhortation apostolique « Familiaris consortio »

Jean-Paul II

Éditions Paulines

Ce texte a été tiré de l'édition publiée
par la Typographie Polyglotte Vaticane.

ISBN 2-89039-865-X

Dépôt légal — 1er trimestre 1982
Bibliothèque nationale du Québec
Bibliothèque nationale du Canada

© 1982 Éditions Paulines
          3965, boul. Henri-Bourassa est
          Montréal, Qué.   H1H 1L1

INTRODUCTION

1. A NOTRE ÉPOQUE, la famille, comme les autres institutions et peut-être plus qu'elles, a été atteinte par les transformations, larges, profondes et rapides, de la société et de la culture. De nombreuses familles vivent cette situation dans la fidélité aux valeurs qui constituent le fondement de l'institution familiale. D'autres sont tombées dans l'incertitude et l'égarement devant leurs tâches, voire dans le doute et presque l'ignorance en ce qui concerne le sens profond et la valeur de la vie conjugale et familiale. D'autres enfin voient la réalisation de leurs droits fondamentaux entravée par diverses situations d'injustice.

Sachant que le mariage et la famille constituent l'un des biens les plus précieux de l'humanité, l'Eglise veut faire entendre sa voix et offrir son aide à ceux qui, connaissant déjà la valeur du mariage et de la famille, cherchent à la vivre fidèlement, à ceux qui, plongés dans l'incertitude et l'anxiété, sont à la recherche de la vérité, et à ceux qui sont injustement empêchés de vivre librement leur projet familial. Apportant son soutien aux premiers, sa lumière aux deuxièmes et son secours aux autres, l'Eglise se met au service de tout homme soucieux du sort du mariage et de la famille.[1]

Elle s'adresse en particulier aux jeunes qui s'apprêtent à s'engager sur le chemin du mariage et de la famille, afin de leur ouvrir de nouveaux horizons en les aidant à découvrir la beauté et la grandeur de la vocation à l'amour et au service de la vie.

Le Synode de 1980 en continuité avec les Synodes précédents

2.   Le dernier Synode des Evêques, tenu à Rome du 26 septembre au 25 octobre 1980, est un signe de ce profond intérêt de l'Eglise pour la famille. Il a été la continuation naturelle des deux précédents.[2] La famille chrétienne, en effet, est la première communauté appelée à annoncer l'Evangile à la personne humaine en développement et à conduire cette dernière, par une éducation et une catéchèse progressives, à sa pleine maturité humaine et chrétienne.

On peut même dire que le récent Synode se relie d'une certaine façon, par son thème, au Synode sur le sacerdoce ministériel et sur la jus-

---

[1] Cf. Concile Œcum. Vat. II, const. pastorale sur l'Eglise dans le monde de ce temps *Gaudium et spes,* 52.
[2] Cf. Jean-Paul II, homélie à la messe d'ouverture du VIe Synode des Evêques, 26 septembre 1980, n. 2: *AAS* 72 (1980), p. 1008.

tice dans le monde contemporain. En effet, en tant que communauté éducative, la famille doit aider l'homme à discerner sa vocation et à assumer l'engagement indispensable pour une plus grande justice, en le formant dès le début de son existence à des relations interpersonnelles riches de justice et d'amour.

Les Pères du Synode, en conclusion de leur Assemblée, m'ont présenté une longue série de propositions dans lesquelles ils avaient recueilli le fruit des réflexions mûries au cours de leurs journées de travail intense, et ils m'ont demandé à l'unanimité de me faire devant l'humanité l'interprète de la vive sollicitude de l'Eglise pour la famille et d'indiquer les orientations opportunes pour un engagement pastoral renouvelé dans ce secteur fondamental de la vie humaine et ecclésiale.

Je m'acquitte de cette tâche en publiant la présente exhortation comme une façon particulière d'accomplir le ministère apostolique qui m'a été confié, et je désire exprimer à tous ceux qui ont participé au Synode ma gratitude pour la précieuse contribution de doctrine et d'expérience qu'ils m'ont apportée, surtout au moyen des « Propositions »; j'en ai confié le texte au Conseil pontifical pour la Famille, en lui demandant d'en approfondir l'étude, afin de valoriser chacun des aspects des richesses qu'il contient.

3.   L'Eglise, éclairée par la foi, qui lui fait connaître toute la vérité sur le bien précieux que sont le mariage et la famille et sur leur signification la plus profonde, ressent encore une fois l'urgence d'annoncer l'Evangile, c'est-à-dire la « bonne nouvelle », à tous sans distinction, mais en particulier à ceux qui sont appelés au mariage et qui s'y préparent, à tous les époux et à tous les parents du monde.

Elle est profondément convaincue que c'est seulement en accueillant l'Evangile que l'on peut assurer la pleine réalisation de toute espérance que l'homme place légitimement dans le mariage et dans la famille.

Voulus par Dieu en même temps que la création,[3] le mariage et la famille sont en eux-mêmes destinés à s'accomplir dans le Christ[4] et ils ont besoin de sa grâce pour être guéris de la blessure du péché[5] et ramenés à leur « origine »,[6] c'est-à-dire à la pleine connaissance et à la réalisation intégrale du dessein de Dieu.

En un moment historique où la famille subit de nombreuses pressions qui cherchent à la détruire ou tout au moins à la déformer, l'Eglise,

[3] Cf. *Gn* 1-2.
[4] Cf. *Ep* 5.
[5] Cf. Concile Œcum. Vat. II, const. pastorale sur l'Eglise dans le monde de ce temps *Gaudium et spes,* 47; Jean-Paul II, lettre *Appropinquat iam,* du 15 août 1980, n. 1: *AAS* 72 (1980), p. 791.
[6] Cf. *Mt* 19, 4.

sachant que le bien de la société et son bien propre sont profondément liés à celui de la famille,[7] a une conscience plus vive et plus pressante de sa mission de proclamer à tous le dessein de Dieu sur le mariage et sur la famille, en assurant leur pleine vitalité et leur promotion humaine et chrétienne et en contribuant ainsi au renouveau de la société et du peuple de Dieu.

[7] Cf. Concile Œcum. Vat. II, const. pastorale sur l'Eglise dans le monde de ce temps *Gaudium et spes,* 47.

PREMIÈRE PARTIE

LUMIERES ET OMBRES
DE LA FAMILLE AUJOURD'HUI

Nécessité de connaître la situation

4.   Le dessein de Dieu sur le mariage et sur la famille concerne l'homme et la femme dans la réalité concrète de leur existence quotidienne dans telle ou telle situation sociale et culturelle. C'est pourquoi l'Eglise, pour accomplir son service, doit s'appliquer à connaître les situations au milieu desquelles le mariage et la famille se réalisent aujourd'hui.[8]

Cette connaissance est donc, pour l'œuvre d'évangélisation, une exigence que l'on ne saurait négliger. C'est en effet aux familles de notre temps que l'Eglise doit apporter l'Evangile immuable et toujours nouveau de Jésus-Christ, de même que ce sont les familles plongées dans les conditions actuelles du monde qui sont appelées à accueillir et à vivre le projet de Dieu les concernant. De plus, les exigences, les appels de l'Esprit se font

---

[8] Cf. Jean-Paul II, discours au Conseil du Secrétariat général du Synode des Evêques, 23 février 1980: *Insegnamenti di Giovanni Paolo II*, III, 1 (1980), pp. 472-476.

entendre aussi à travers les événements de l'histoire, et c'est pourquoi l'Eglise peut être amenée à une compréhension plus profonde de l'inépuisable mystère du mariage et de la famille, même à partir des situations, des questions, des angoisses et des espoirs des jeunes, des époux et des parents d'aujourd'hui.[9]

A cela il faut ajouter une réflexion d'une importance particulière pour le temps présent. Il n'est pas rare qu'aux hommes et aux femmes d'aujourd'hui qui cherchent sincèrement et sérieusement une réponse aux problèmes quotidiens et graves de leur vie matrimoniale et familiale, soient offertes des visions et des propositions peut-être séduisantes, mais qui compromettent plus ou moins la vérité et la dignité de la personne humaine. Cette offre est souvent soutenue par l'organisation puissante et partout diffuse des moyens de communication sociale qui mettent subtilement en péril la liberté et la capacité de juger en toute objectivité.

Beaucoup sont déjà conscients de ce danger qui menace la personne humaine, et ils s'emploient à faire triompher la vérité. L'Eglise, avec son discernement évangélique, s'unit à eux, apportant son propre concours au service de la vérité, de la liberté et de la dignité de tout homme et de toute femme.

[9] Cf. Concile Œcum. Vat. II, const. pastorale sur l'Eglise dans le monde de ce temps *Gaudium et spes,* 4.

5.   Par le discernement qu'elle opère, l'Eglise propose une orientation permettant de sauver et de réaliser toute la vérité et la pleine dignité du mariage et de la famille.

Ce discernement est accompli grâce au sens de la foi,[10] don que l'Esprit accorde à tous les fidèles.[11] C'est donc une œuvre de toute l'Eglise, selon la diversité des dons et des charismes qui, en fonction des responsabilités propres à chacun, agissent ensemble en vue d'une plus profonde intelligence et mise en œuvre de la Parole de Dieu. Ainsi l'Eglise opère son discernement évangélique non seulement par les Pasteurs, qui enseignent au nom du Christ et avec son pouvoir, mais aussi par les laïcs, dont le Christ fait « des témoins en les pourvoyant du sens de la foi et de la grâce de la parole (cf. *Ac* 2, 17-18; *Ap* 19, 10), afin que brille dans la vie quotidienne, familiale et sociale, la force de l'Evangile ».[12] Bien plus, en raison de leur vocation particulière, les laïcs ont pour tâche spécifique d'interpréter à la lumière du Christ l'histoire de ce monde, car ils sont appelés à éclairer et à ordonner les réalités temporelles selon le dessein de Dieu Créateur et Rédempteur.

---

[10] Cf. Concile Œcum. Vat. II, const. dogmatique sur l'Eglise *Lumen gentium,* 12.

[11] Cf. *1 Jn* 2, 20.

[12] Concile Œcum. Vat. II, const. dogmatique sur l'Eglise *Lumen gentium,* 35.

Le « sens surnaturel de la foi »[13] ne consiste pas seulement ou nécessairement dans le consensus des fidèles. L'Eglise, qui suit le Christ, cherche la vérité, qui ne coïncide pas toujours avec l'opinion de la majorité. Elle écoute la conscience et non le pouvoir, et par cela même elle défend les pauvres et les méprisés. L'Eglise peut apprécier aussi la recherche sociologique et statistique lorsqu'elle s'avère utile pour saisir le contexte historique dans lequel l'action pastorale doit s'exercer et pour mieux connaître la vérité; mais il ne faut pas penser que cette recherche est purement et simplement l'expression du sens de la foi.

Le rôle du ministère apostolique est d'assurer la permanence de l'Eglise dans la vérité du Christ et de l'y insérer toujours plus profondément. Aussi les Pasteurs doivent-ils promouvoir le sens de la foi chez tous les fidèles, examiner et juger d'une manière autorisée l'authenticité de ses expressions, et former les fidèles à un discernement évangélique toujours plus réfléchi.[14]

Pour l'élaboration d'un authentique discernement évangélique dans les diverses situations et cultures dans lesquelles l'homme et la femme vivent leur mariage et leur existence familiale, les époux et les parents chrétiens peuvent et doivent

[13] Cf. const. dogmatique sur l'Eglise *Lumen gentium*, 12; S. Congr. pour la doctrine de la foi, déclaration *Mysterium Ecclesiae*, 2: *AAS* 65 (1973), pp. 398-400.
[14] Cf. Concile Œcum. Vat. II, const. dogmatique sur l'Eglise *Lumen gentium*, 12; const. dogmatique sur la Révélation divine *Dei Verbum*, 10.

apporter leur contribution propre qui est irremplaçable. Ils sont pour cela habilités par leur charisme ou don propre, celui du sacrement de mariage.[15]

La situation de la famille dans le monde d'aujourd'hui

6.   La situation dans laquelle se trouve la famille présente des aspects positifs et négatifs: les uns sont le signe du salut du Christ à l'œuvre dans le monde; les autres, du refus que l'homme oppose à l'amour de Dieu.

Car, d'une part, on constate une conscience plus vive de la liberté personnelle et une attention plus grande à la qualité des relations interpersonnelles dans le mariage, à la promotion de la dignité de la femme, à la procréation responsable, à l'éducation des enfants; il s'y ajoute la conscience de la nécessité de développer des liens entre familles en vue d'une aide spirituelle et matérielle réciproque, la redécouverte de la mission ecclésiale propre à la famille et de sa responsabilité dans la construction d'une société plus juste. Mais, par ailleurs, il ne manque pas d'indices d'une dégradation préoccupante de certaines valeurs fondamentales: une conception théorique et pratique erronée de l'indépendance des conjoints entre eux; de graves ambiguïtés à propos du rapport d'autorité entre parents et enfants;

---

[15] Cf. Jean-Paul II, homélie à la messe d'ouverture du VIe Synode des Evêques, 26 septembre 1980, n. 3: *AAS* 72 (1980), p. 1008.

des difficultés concrètes à transmettre les valeurs, comme bien des familles l'expérimentent; le nombre croissant des divorces; la plaie de l'avortement; le recours sans cesse plus fréquent à la stérilisation; l'installation d'une mentalité vraiment et proprement contraceptive.

À la racine de ces phénomènes négatifs, il y a souvent une corruption du concept et de l'expérience de la liberté, celle-ci étant comprise non comme la capacité de réaliser la vérité du projet de Dieu sur le mariage et la famille, mais comme une force autonome d'affirmation de soi, assez souvent contre les autres, pour son bien-être égoïste.

Un autre fait mérite également notre attention: dans les pays du tiers monde, les familles manquent souvent aussi bien des moyens fondamentaux pour leur survie, tels que la nourriture, le travail, le logement, les médicaments, que des plus élémentaires libertés. Dans les pays plus riches, en revanche, le bien-être excessif et l'esprit de consommation, celui-ci étant paradoxalement uni à une certaine angoisse et à quelque incertitude quant à l'avenir, enlèvent aux époux la générosité et le courage de susciter de nouvelles vies humaines: souvent la vie n'est plus alors perçue comme une bénédiction, mais comme un péril dont il faut se défendre.

La situation historique dans laquelle vit la famille se présente donc comme un mélange d'ombres et de lumières.

Ce mélange montre que l'histoire n'est pas

13

simplement un progrès nécessaire vers le mieux, mais un avènement de la liberté, et plus encore un combat entre libertés qui s'opposent, c'est-à-dire, selon l'expression bien connue de saint Augustin, un conflit entre deux amours: l'amour de Dieu, poussé jusqu'au mépris de soi; l'amour de soi, poussé jusqu'au mépris de Dieu.[16]

Il s'ensuit que seule l'éducation de l'amour enracinée dans la foi peut conduire à acquérir la capacité d'interpréter les « signes des temps », qui sont l'expression historique de ce double amour.

L'influence de cette situation sur la conscience des fidèles

7.   En vivant dans un tel monde, et sous l'influence provenant surtout des mass media, les fidèles n'ont pas toujours su et ne savent pas toujours demeurer indemnes de l'obscurcissement des valeurs fondamentales ni se situer comme conscience critique de cette culture familiale et comme sujets actifs de la construction d'un authentique humanisme familial.

Au nombre des signes les plus préoccupants de ce phénomène, les Pères du Synode ont souligné en particulier l'expansion du divorce et du recours à une nouvelle union de la part des fidèles eux-mêmes; l'acceptation du mariage purement civil, en contradiction avec leur vocation de bap-

---

[16] Cf. S. Augustin, *De Civitate Dei,* XIV, 28: *CSEL* 40, II, 56-57.

tisés à « s'épouser dans le Seigneur »; la célébration du mariage-sacrement sans foi vivante, mais pour d'autres motifs; le refus de normes morales qui éclairent et soutiennent l'exercice humain et chrétien de la sexualité dans le mariage.

Notre époque a besoin de sagesse

8.   Toute l'Eglise a le devoir de réfléchir et de s'engager en profondeur afin que la nouvelle culture qui apparaît soit intimement évangélisée, que soient reconnues les vraies valeurs, que soient défendus les droits de l'homme et de la femme et que la justice soit promue dans les structures mêmes de la société. Ainsi, le « nouvel humanisme » ne détournera pas les hommes de leurs rapports avec Dieu, mais il les y conduira de façon plus plénière.

Dans la construction d'un tel humanisme, la science et ses applications techniques offrent de nouvelles et immenses possibilités. Cependant, la science, par suite de choix politiques qui déterminent l'orientation de la recherche et ses applications, est fréquemment utilisée contre sa signification originelle, la promotion de la personne humaine.

Il est donc nécessaire que tous reprennent conscience du primat des valeurs morales: elles sont celles de la personne humaine comme telle. La compréhension du sens ultime de la vie et de ses valeurs fondamentales est le grand défi qui s'impose aujourd'hui en vue du renouvellement de la société. Seul le sentiment du primat de ces valeurs permet d'utiliser les immenses possibilités mises par la science dans les mains de l'homme de manière à promouvoir vraiment la personne humaine dans sa vérité tout entière, dans sa liberté et dans sa dignité. La science est appelée à s'unir à la sagesse.

On peut donc appliquer aussi aux problèmes de la famille les termes du Concile Vatican II: « Plus que toute autre, notre époque a besoin d'une telle sagesse, pour humaniser ses propres découvertes, quelles qu'elles soient. L'avenir du monde serait en péril, si elle ne savait pas se donner des sages ».[17]

L'éducation de la conscience morale, qui rend chaque homme capable de juger et de discerner les moyens adéquats pour se réaliser selon sa vérité originelle, devient ainsi une exigence prioritaire à laquelle on ne peut renoncer.

C'est l'alliance avec la divine Sagesse qui doit être fortement scellée à nouveau dans la culture contemporaine. Chaque homme est rendu participant de cette Sagesse par le geste créateur de Dieu lui-même. Et c'est seulement dans la fidélité à cette alliance que les familles d'aujourd'hui seront en mesure d'exercer une influence positive sur la construction d'un monde plus juste et plus fraternel.

---

[17] Const. pastorale sur l'Eglise dans le monde de ce temps *Gaudium et spes*, 15.

9.   A l'injustice qui vient du péché — celui-ci ayant pénétré profondément les structures du monde d'aujourd'hui — et qui empêche souvent la famille de se réaliser vraiment elle-même et d'exercer ses droits fondamentaux, nous devons tous nous opposer par une conversion de l'esprit et du cœur qui implique de suivre le Christ crucifié en renonçant à son propre égoïsme: une telle conversion ne peut pas ne pas avoir une influence bénéfique et rénovatrice même sur les structures de la société.

Il faut une conversion continuelle, permanente, qui, tout en exigeant de se détacher intérieurement de tout mal et d'adhérer au bien dans sa plénitude, se traduit concrètement en une démarche conduisant toujours plus loin. Ainsi se développe un processus dynamique qui va peu à peu de l'avant grâce à l'intégration progressive des dons de Dieu et des exigences de son amour définitif et absolu dans toute la vie personnelle et sociale de l'homme. C'est pourquoi un cheminement pédagogique de croissance est nécessaire pour que les fidèles, les familles et les peuples, et même la civilisation, à partir de ce qu'ils ont déjà reçu du mystère du Christ, soient patiemment conduits plus loin, jusqu'à une conscience plus riche et à une intégration plus pleine de ce mystère dans leur vie.

10.   Il est conforme à la tradition constante de l'Eglise d'accueillir à partir des cultures des peuples tout ce qui est susceptible de mieux exprimer les inépuisables richesses du Christ.[18] Et ce n'est qu'avec le concours de toutes les cultures que ces richesses pourront se manifester toujours plus clairement et que l'Eglise pourra cheminer vers une connaissance chaque jour plus complète et plus approfondie de la vérité, qui lui a déjà été entièrement donnée par son Seigneur.

En tenant ferme le double principe de la compatibilité avec l'Evangile des diverses cultures à assumer et de la communion avec l'Eglise universelle, on devra poursuivre l'étude — cela vaut particulièrement pour les Conférences épiscopales et les dicastères compétents de la Curie romaine — et l'action pastorale, de sorte que cette « inculturation » de la foi chrétienne se réalise d'une manière toujours plus vaste, même dans le domaine du mariage et de la famille.

Par cette « inculturation », on se dirige vers la reconstitution plénière de l'alliance avec la Sagesse de Dieu, qui est le Christ lui-même. L'Eglise s'enrichira aussi de toutes les cultures qui, bien que manquant de technologie, sont riches de sagesse humaine et vivifiées par de grandes valeurs morales.

---

[18] Cf. *Ep* 3, 8; Concile Œcum. Vat. II, const. pastorale sur l'Eglise dans le monde de ce temps *Gaudium et spes,* 44; décr. sur l'activité missionnaire de l'Eglise *Ad gentes,* 15 et 22.

Pour que soit clair le but de ce cheminement et que, par conséquent, la route soit indiquée avec certitude, le Synode a, en premier lieu et à juste titre, considéré à fond le projet originel de Dieu à propos du mariage et de la famille; il a voulu « revenir au commencement » pour respecter l'enseignement du Christ.[19]

[19] Cf. *Mt* 19, 4 et suivants.

DEUXIÈME PARTIE

LE DESSEIN DE DIEU
SUR LE MARIAGE ET SUR LA FAMILLE

L'homme, image du Dieu Amour

11.   Dieu a créé l'homme à son image et à sa ressemblance: [20] en l'appelant à l'existence *par amour,* il l'a appelé en même temps *à l'amour.*

Dieu est amour [21] et il vit en lui-même un mystère de communion personnelle d'amour. En créant l'humanité de l'homme et de la femme à son image et en la conservant continuellement dans l'être, Dieu inscrit en elle la vocation, et donc la capacité et la responsabilité correspondantes, à l'amour et à la communion. [22] L'amour est donc la vocation fondamentale et innée de tout être humain.

Puisque l'homme est un esprit incarné, c'est-à-dire une âme qui s'exprime dans un corps et un corps animé par un esprit immortel, il est appelé à l'amour dans sa totalité unifiée. L'amour

[20] Cf. *Gn* 1, 26-27.
[21] Cf. *1 Jn* 4, 8.
[22] Cf. Concile Œcum. Vat. II, const. pastorale sur l'Eglise dans le monde de ce temps *Gaudium et spes,* 12.

embrasse aussi le corps humain et le corps est rendu participant de l'amour spirituel.

La Révélation chrétienne connaît deux façons spécifiques de réaliser la vocation à l'amour de la personne humaine, dans son intégrité: le mariage et la virginité. L'une comme l'autre, dans leur forme propre, sont une concrétisation de la vérité la plus profonde de l'homme, de son « être à l'image de Dieu ».

En conséquence, la sexualité, par laquelle l'homme et la femme se donnent l'un à l'autre par les actes propres et exclusifs des époux, n'est pas quelque chose de purement biologique, mais concerne la personne humaine dans ce qu'elle a de plus intime. Elle ne se réalise de façon véritablement humaine que si elle est partie intégrante de l'amour dans lequel l'homme et la femme s'engagent entièrement l'un vis-à-vis de l'autre jusqu'à la mort. La donation physique totale serait un mensonge si elle n'était pas le signe et le fruit d'une donation personnelle totale, dans laquelle toute la personne, jusqu'en sa dimension temporelle, est présente. Si on se réserve quoi que ce soit, ou la possibilité d'en décider autrement pour l'avenir, cela cesse déjà d'être un don total.

Cette totalité, requise par l'amour conjugal, correspond également aux exigences d'une fécondité responsable: celle-ci, étant destinée à engendrer un être humain, dépasse par sa nature même l'ordre purement biologique et embrasse un ensemble de valeurs personnelles dont la croissance harmonieuse exige que chacun des deux parents apporte sa contribution de façon permanente et d'un commun accord.

Le « lieu » unique, qui rend possible cette donation selon toute sa vérité, est le mariage, c'est-à-dire le pacte d'amour conjugal ou le choix conscient et libre par lequel l'homme et la femme accueillent l'intime communauté de vie et d'amour voulue par Dieu lui-même,[23] et qui ne manifeste sa vraie signification qu'à cette lumière. L'institution du mariage n'est pas une ingérence indue de la société ou de l'autorité, ni l'imposition extrinsèque d'une forme; elle est une exigence intérieure du pacte d'amour conjugal qui s'affirme publiquement comme unique et exclusif pour que soit vécue ainsi la pleine fidélité au dessein du Dieu créateur. Cette fidélité, loin d'amoindrir la liberté de la personne, la met à l'abri de tout subjectivisme et de tout relativisme, et la fait participer à la Sagesse créatrice.

Le mariage et la communion entre Dieu et les hommes

12. La communion d'amour entre Dieu et les hommes, contenu fondamental de la Révélation et de l'expérience de foi d'Israël, trouve une expression significative dans l'alliance nuptiale réalisée entre l'homme et la femme.

C'est ainsi que les mots essentiels de la Révélation, à savoir « Dieu aime son peuple », sont

---

[23] Cf. *ibid.*, 48.

prononcés également au moyen des termes vivants et concrets par lesquels l'homme et la femme se disent leur amour conjugal. Leur lien d'amour devient l'image et le symbole de l'Alliance qui unit Dieu et son peuple.[24] Même le péché qui peut blesser le pacte conjugal devient image de l'infidélité du peuple envers son Dieu: l'idolâtrie est un prostitution,[25] l'infidélité est un adultère, la désobéissance à la loi est un abandon de l'amour nuptial du Seigneur. Mais l'infidélité d'Israël ne détruit pas la fidélité éternelle du Seigneur, et par conséquent l'amour toujours fidèle de Dieu est présenté comme exemplaire pour les relations d'amour fidèle qui doivent exister entre les époux.[26]

Jésus-Christ, époux de l'Eglise, et le sacrement de mariage

13.   La communion entre Dieu et les hommes trouve son accomplissement définitif en Jésus-Christ, l'époux qui aime et qui se donne comme Sauveur de l'humanité en se l'unissant comme son corps.

Il révèle la vérité originelle du mariage, la vérité du « commencement »[27] et, en libérant l'homme de la dureté du cœur, le rend capable de la réaliser entièrement.

[24] Cf. par exemple *Os* 2, 21; *Jr* 3, 6-13; *Is* 54.
[25] Cf. *Ez* 16, 25.
[26] Cf. *Os* 3.
[27] Cf. *Gn* 2, 24; *Mt* 19, 5.

Cette révélation parvient à la plénitude définitive dans le don d'amour que le Verbe de Dieu fait à l'humanité en assumant la nature humaine et dans le sacrifice que Jésus-Christ fait de lui-même sur la croix pour son Epouse, l'Eglise. Dans ce sacrifice se manifeste entièrement le dessein que Dieu a imprimé dans l'humanité de l'homme et de la femme depuis leur création; [28] le mariage des baptisés devient ainsi le symbole réel de l'alliance nouvelle et éternelle, scellée dans le sang du Christ. L'Esprit, que répand le Seigneur, leur donne un cœur nouveau et rend l'homme et la femme capables de s'aimer, comme le Christ nous a aimés. L'amour conjugal atteint cette plénitude à laquelle il est intérieurement ordonné, la charité conjugale: celle-ci est la façon propre et spécifique dont les époux participent à la charité du Christ se donnant lui-même sur la croix, et sont appelés à la vivre.

Dans une page à juste titre fameuse, Tertullien a bien exprimé la grandeur et la beauté de cette vie conjugale dans le Christ: « Où vais-je puiser la force de décrire de manière satisfaisante le bonheur du mariage que l'Eglise ménage, que confirme l'offrande, que scelle la bénédiction; les anges le proclament, le Père céleste le ratifie... Quel couple que celui de deux chrétiens, unis par une seule espérance, un seul désir, une seule discipline, le même service! Tous deux enfants d'un même père, serviteurs d'un même maître; rien ne

[28] Cf. *Ep* 5, 32-33.

les sépare, ni dans l'esprit ni dans la chair; au contraire, ils sont vraiment deux en une seule chair. Là où la chair est une, un aussi est l'esprit ».[29]

En accueillant et en méditant fidèlement la Parole de Dieu, l'Eglise a solennellement enseigné et enseigne que le mariage des baptisés est l'un des sept sacrements de la Nouvelle Alliance.[30]

Car, par le baptême, l'homme et la femme sont définitivement insérés dans la nouvelle et éternelle Alliance, Alliance nuptiale du Christ avec l'Eglise. C'est en raison de cette insertion indestructible que la communauté intime de vie et d'amour conjugal fondée par le Créateur[31] a été élevée et assumée dans la charité nuptiale du Christ, soutenue et enrichie par sa force rédemptrice.

En vertu de la sacramentalité de leur mariage, les époux sont liés l'un à l'autre de la façon la plus indissoluble. S'appartenant l'un à l'autre, ils représentent réellement, par le signe sacramentel, le rapport du Christ à son Eglise.

Les époux sont donc pour l'Eglise le rappel permanent de ce qui est advenu sur la croix. Ils sont l'un pour l'autre et pour leurs enfants des

[29] Tertullien, *Ad uxorem*, II, VIII, 6-7: *CCL* I, 393; *SC* 273, p. 49.
[30] Cf. Concile Œcum. de Trente, sess. XXIV, can. 1: I. D. Mansi, *Sacrorum Conciliorum nova et amplissima collectio*, 33, 149-150.
[31] Cf. Concile Œcum. Vat. II, const. pastorale sur l'Eglise dans le monde de ce temps *Gaudium et spes*, 48.

témoins du salut dont le sacrement les rend participants. Le mariage, comme tout sacrement, est un mémorial, une actualisation et une prophétie de l'événement du salut. « Mémorial, le sacrement leur donne la grâce et le devoir de faire mémoire des grandes œuvres de Dieu et d'en témoigner auprès de leurs enfants; actualisation, il leur donne la grâce et le devoir de mettre en œuvre dans le présent, l'un envers l'autre et envers leurs enfants, les exigences d'un amour qui pardonne et qui rachète; prophétie, il leur donne la grâce et le devoir de vivre et de témoigner l'espérance de la future rencontre avec le Christ ».[32]

Comme chacun des sept sacrements, le mariage est aussi un symbole réel de l'événement du salut, mais à sa manière propre. « Les époux y participent en tant qu'époux, à deux, comme couple, à tel point que l'effet premier et immédiat du mariage (*res et sacramentum*) n'est pas la grâce surnaturelle elle-même, mais le lien conjugal chrétien, une communion à deux typiquement chrétienne parce que représentant le mystère d'incarnation du Christ et son mystère d'alliance. Et le contenu de la participation à la vie du Christ est aussi spécifique: l'amour conjugal comporte une totalité où entrent toutes les composantes de la personne — appel du corps et de l'instinct, force du sentiment et de l'affectivité,

[32] Jean-Paul II, discours aux délégués du Centre de liaison des Equipes de recherche (CLER), 3 novembre 1979, n. 3: *Insegnamenti di Giovanni Paolo II*, II, 2 (1979), 1032.

aspiration de l'esprit et de la volonté —; il vise une unité profondément personnelle, celle qui, au-delà de l'union en une seule chair, conduit à ne faire qu'un cœur et qu'une âme; il exige l'indissolubilité et la fidélité dans la donation réciproque définitive; et il s'ouvre sur la fécondité (cf. encyclique *Humanae vitae*, n. 9). En un mot, il s'agit bien des caractéristiques normales de tout amour conjugal naturel, mais avec une signification nouvelle qui, non seulement les purifie et les consolide, mais les élève au point d'en faire l'expression de valeurs proprement chrétiennes ».[33]

Les enfants, don très précieux du mariage

14.   Selon le dessein de Dieu, le mariage est le fondement de cette communauté plus large qu'est la famille, puisque l'institution même du mariage et l'amour conjugal sont ordonnés à la procréation et à l'éducation des enfants dans lesquels ils trouvent leur couronnement.[34]

Dans sa réalité la plus profonde, l'amour est essentiellement don, et l'amour conjugal, en amenant les époux à la « connaissance » réciproque qui fait qu'ils sont « une seule chair »,[35] ne s'achève pas dans le couple; il les rend en effet capables

---

[33] Idem, *ibid.*, 4: *l. c.*, 1032.

[34] Cf. Concile Œcum. Vat. II, const. pastorale sur l'Eglise dans le monde de ce temps *Gaudium et spes*, 50.

[35] Cf. *Gn* 2, 24.

de la donation la plus grande qui soit, par laquelle ils deviennent coopérateurs avec Dieu pour donner la vie à une autre personne humaine. Ainsi les époux, tandis qu'ils se donnent l'un à l'autre, donnent au-delà d'eux-mêmes un être réel, l'enfant, reflet vivant de leur amour, signe permanent de l'unité conjugale et synthèse vivante et indissociable de leur être de père et de mère.

En devenant parents, les époux reçoivent de Dieu le don d'une nouvelle responsabilité. Leur amour parental est appelé à devenir pour leurs enfants le signe visible de l'amour même de Dieu, « d'où vient toute paternité au ciel et sur la terre ».[36]

Il ne faut cependant pas oublier que même dans les cas où la procréation est impossible, la vie conjugale garde toute sa valeur. La stérilité physique peut en effet être pour le couple l'occasion de rendre d'autres services importants à la vie de la personne humaine, tels que l'adoption, les œuvres variées d'éducation, l'aide à d'autres familles, aux enfants pauvres ou handicapés.

La famille, communion de personnes

15.   Au sein du mariage et de la famille se tisse un ensemble de relations interpersonnelles — rapports entre conjoints, paternité-maternité, filia-

---

[36] *Ep* 3, 15.

tion, fraternité — à travers lesquelles chaque personne est introduite dans la « famille humaine » et dans la « famille de Dieu » qu'est l'Eglise.

Le mariage et la famille chrétienne construisent l'Eglise. Dans la famille en effet, la personne humaine n'est pas seulement engendrée et introduite progressivement, à travers l'éducation, dans la communauté humaine, mais grâce à la régénération du baptême et à l'éducation de la foi, elle est introduite également dans la famille de Dieu qu'est l'Eglise.

La famille humaine, désagrégée par le péché, est reconstituée dans son unité par la puissance rédemptrice de la mort et de la résurrection du Christ.[37] Le mariage chrétien, qui participe à l'efficacité salvifique de cet événement, constitue le lieu naturel où s'accomplit l'insertion de la personne humaine dans la grande famille de l'Eglise.

La mission, donnée au commencement à l'homme et à la femme, de croître et de se multiplier atteint ainsi toute sa vérité et sa pleine réalisation.

Et l'Eglise trouve dans la famille, née du sacrement, son berceau et le lieu où elle peut accomplir sa propre insertion dans les générations humaines, et celles-ci, réciproquement, dans l'Eglise.

[37] Cf. Concile Œcum. Vat. II, const. pastorale sur l'Eglise dans le monde de ce temps *Gaudium et spes*, 78.

16.   La virginité et le célibat pour le Royaume
de Dieu ne diminuent en rien la dignité du mariage, au contraire ils la présupposent et la con-
firment. Le mariage et la virginité sont les deux
manières d'exprimer et de vivre l'unique mystère
de l'Alliance de Dieu avec son peuple. Là où
il n'y a pas d'estime pour le mariage, il ne peut
pas y avoir non plus de virginité consacrée; là
où l'on ne considère pas la sexualité humaine
comme un grand don du Créateur, le fait d'y
renoncer pour le Royaume des cieux perd son
sens.

Saint Jean Chrysostome dit en effet très jus-
tement: « Dénigrer le mariage, c'est amoindrir
du même coup la gloire de la virginité; en faire
l'éloge, c'est rehausser l'admiration qui est due
à la virginité et en accroître l'éclat. Car enfin,
ce qui ne paraît un bien que par comparaison avec
un mal ne peut être vraiment un bien, mais ce
qui est mieux encore que des biens incontestés
est le bien par excellence ».[38]

Dans la virginité, l'homme est en attente,
même dans son corps, des noces eschatologiques
du Christ avec l'Eglise, et il se donne entièrement à l'Eglise dans l'espérance que le Christ se
donnera à elle dans la pleine vérité de la vie éternelle. Il anticipe ainsi dans sa chair le monde nouveau de la résurrection à venir.[39]

---

[38] *La Virginité*, X, 1: *PG* 48, 540; *SC* 125, p. 123.
[39] Cf. *Mt* 22, 30.

Grâce à ce témoignage, la virginité garde vivante dans l'Eglise la conscience du mystère du mariage et elle le défend contre toute atteinte à son intégrité et tout appauvrissement.

En rendant le cœur de l'homme particulièrement libre [40] « pour qu'il brûle davantage de l'amour de Dieu et de tous les hommes »,[41] la virginité atteste que le Royaume de Dieu et sa justice sont cette perle précieuse que l'on doit préférer à toute autre valeur, si grande qu'elle soit, et qu'il faut même rechercher comme l'unique valeur définitive. C'est pour cela, en raison du lien tout à fait singulier de ce charisme avec le Royaume de Dieu, que l'Eglise, tout au long de son histoire, a toujours défendu sa supériorité par rapport à celui du mariage.[42]

Tout en ayant renoncé à la fécondité physique, la personne vierge devient féconde spirituellement, père et mère d'un grand nombre, coopérant à la réalisation de la famille suivant le dessein de Dieu.

Les époux chrétiens ont donc le droit d'attendre des personnes vierges le bon exemple et le témoignage d'une fidélité à leur vocation jusqu'à la mort. De même que pour les époux la fidélité peut devenir parfois difficile et exiger sacrifice, mortification et oubli de soi, ainsi peut-il

[40] Cf. *1 Co* 7, 32-35.
[41] Concile Œcum. Vat. II, décr. sur la vie religieuse *Perfectae caritatis,* 12.
[42] Cf. Pie XII, encyclique *Sacra virginitas,* II: *AAS* 46 (1954), pp. 174 et suivantes.

en être également pour les personnes vierges. Leur fidélité, même dans l'épreuve, doit édifier celle des époux.[43]

Enfin, ces réflexions sur la virginité peuvent éclairer et aider ceux qui, pour des raisons indépendantes de leur volonté, n'ont pas pu se marier et ont accepté leur situation en esprit de service:

---

[43] Cf. Jean-Paul II, lettre *Novo incipiente*, du 8 avril 1979, n. 9: *AAS* 71 (1979), pp. 410-411.

TROISIÈME PARTIE

LES DEVOIRS
DE LA FAMILLE CHRETIENNE

Famille, deviens ce que tu es!

17.   Dans le dessein du Dieu Créateur et Rédempteur, la famille découvre non seulement son « identité », ce qu'elle « est », mais aussi sa « mission », ce qu'elle peut et doit « faire ». Les devoirs que la famille est appelée par Dieu à remplir dans l'histoire ont leur source dans son être propre et sont l'expression de son développement dynamique et existentiel. Chaque famille découvre et trouve en elle-même cet appel pressant, qui en même temps la définit dans sa dignité et sa responsabilité: famille, « deviens » ce que tu « es »!

Remonter à l'« origine » du geste créateur de Dieu devient alors une nécessité pour la famille si elle veut se connaître et se réaliser selon la vérité profonde non seulement de son être mais aussi au niveau de son action dans l'histoire. Et comme, selon le dessein de Dieu, elle est constituée en tant que « communauté profonde de vie et d'amour »,[44] la famille a la mission de devenir

---

[44] Concile Œcum. Vat. II, const. pastorale sur l'Eglise dans le monde de ce temps *Gaudium et spes*, 48.

toujours davantage ce qu'elle est, c'est-à-dire communauté de vie et d'amour dans une tension qui trouvera son achèvement — comme toute réalité créée et sauvée — dans le Royaume de Dieu. Dans une perspective qui rejoint les racines mêmes de la réalité, il faut dire que, en définitive, l'essence de la famille et ses devoirs sont définis par l'amour. C'est pourquoi la famille reçoit la *mission de garder, de révéler et de communiquer l'amour,* reflet vivant et participation réelle de l'amour de Dieu pour l'humanité et de l'amour du Christ Seigneur pour l'Eglise son Epouse.

Tout devoir particulier de la famille est expression de la réalisation concrète de cette mission fondamentale. Il est donc nécessaire de pénétrer plus profondément la singulière richesse de la mission de la famille et d'en faire ressortir les éléments à la fois multiples et un.

Dans cette optique, en partant de l'amour et en s'y référant sans cesse, le récent Synode a mis en lumière quatre devoirs principaux de la famille:

1) la formation d'une communauté de personnes;

2) le service de la vie;

3) la participation au développement de la société;

4) la participation à la vie et à la mission de l'Eglise.

L'amour, source et force
de la communion

18.   La famille, fondée par amour et vivifiée
par lui, est une communauté de personnes: les
époux, homme et femme, les parents et les enfants, la parenté. Son premier devoir est de vivre
fidèlement la réalité de la communion dans un
effort constant pour promouvoir une authentique
communauté de personnes.

Le principe interne, la force permanente et le
but ultime d'un tel devoir, c'est l'amour: de même
que sans amour la famille n'est pas une communauté de personnes, ainsi, *sans amour, la famille
ne peut vivre, grandir et se perfectionner en tant
que communauté de personnes.* Ce que j'ai écrit
dans l'encyclique *Redemptor hominis* trouve son
application originale et privilégiée d'abord dans
la famille comme telle: « L'homme ne peut vivre
sans amour. Il demeure pour lui-même un être
incompréhensible, sa vie est privée de sens s'il
ne reçoit pas la révélation de l'amour, s'il ne rencontre pas l'amour, s'il n'en fait pas l'expérience
et s'il ne le fait pas sien, s'il n'y participe pas
fortement ».[45]

L'amour entre l'homme et la femme dans le
mariage et en conséquence, de façon plus large,
l'amour entre les membres de la même famille

---

[45] N. 10: *AAS* 71 (1979), p. 274.

— entre parents et enfants, entre frères et sœurs, entre les proches et toute la parenté — sont animés et soutenus par un dynamisme intérieur incessant, qui entraîne la famille vers une *communion* toujours plus profonde et plus intense, fondement et principe de la *communauté* conjugale et familiale.

L'indivisible unité
de la communion conjugale

19.   La première communion est celle qui s'établit et se développe entre les époux: en raison du pacte d'amour conjugal, l'homme et la femme « ne sont plus deux mais une seule chair »[46] et sont appelés à grandir sans cesse dans leur communion à travers la fidélité quotidienne à la promesse du don mutuel total que comporte le mariage.

Cette communion conjugale plonge ses racines dans la complémentarité naturelle qui existe entre l'homme et la femme, et se nourrit grâce à la volonté personnelle des époux de partager la totalité de leur projet de vie, ce qu'ils ont et ce qu'ils sont: en cela, une telle communion est le fruit et le signe d'une exigence profondément humaine. Mais dans le Christ Seigneur, Dieu prend cette exigence, il la confirme, la purifie et l'élève, la menant à sa perfection par le sacrement de mariage: l'Esprit Saint répandu au cours de la célé-

---

[46] *Mt* 19, 6; cf. *Gn* 2, 24.

bration sacramentelle remet aux époux chrétiens le don d'une communion nouvelle, communion d'amour, image vivante et réelle de l'unité tout à fait singulière qui fait de l'Eglise l'indivisible Corps mystique du Christ.

Le don de l'Esprit est règle de vie pour les époux chrétiens et il est en même temps souffle entraînant afin que croisse chaque jour en eux une union sans cesse plus riche à tous les niveaux — des corps, des caractères, des cœurs, des intelligences et des volontés, des âmes [47] —, révélant ainsi à l'Eglise et au monde la nouvelle communion d'amour donnée par la grâce du Christ.

La polygamie s'oppose radicalement à une telle communion: elle nie en effet de façon directe le dessein de Dieu tel qu'il nous a été révélé au commencement, elle est contraire à l'égale dignité personnelle de la femme et de l'homme, lesquels dans le mariage se donnent dans un amour total qui, de ce fait même, est unique et exclusif. Comme l'écrit le Concile Vatican II, « l'égale dignité personnelle qu'il faut reconnaître à la femme et à l'homme dans l'amour plénier qu'ils se portent l'un à l'autre fait clairement apparaître l'unité du mariage, confirmée par le Seigneur ».[48]

---

[47] Cf. Jean-Paul II, discours aux époux, Kinshasa, 3 mai 1980, n. 4: *AAS* 72 (1980), pp. 426-427.

[48] Const. pastorale sur l'Eglise dans le monde de ce temps *Gaudium et spes*, 49; cf. Jean-Paul II, discours aux époux, Kinshasa, 3 mai 1980, n. 4: *l. c.*

20.   La communion conjugale se caractérise non seulement par son unité, mais encore par son indissolubilité: « Cette union intime, don réciproque de deux personnes, non moins que le bien des enfants, exigent l'entière fidélité des époux et requièrent leur indissoluble unité ».[49]

C'est un devoir fondamental pour l'Eglise d'affirmer encore et avec force — comme l'ont fait les Pères du Synode — la doctrine de l'indissolubilité du mariage: à ceux qui, de nos jours, pensent qu'il est difficile, voire impossible, de se lier à quelqu'un pour la vie, à ceux encore qui sont entraînés par une culture qui refuse l'indissolubilité du mariage et qui méprise même ouvertement l'engagement des époux à la fidélité, il faut redire l'annonce joyeuse du caractère définitif de cet amour conjugal, qui trouve en Jésus-Christ son fondement et sa force.[50]

Enracinée dans le don plénier et personnel des époux et requise pour le bien des enfants, l'indissolubilité du mariage trouve sa vérité définitive dans le dessein que Dieu a manifesté dans sa Révélation: c'est Lui qui veut et qui donne l'indissolubilité du mariage comme fruit, signe et exigence de l'amour absolument fidèle que Dieu a pour l'homme et que le Seigneur Jésus manifeste à l'égard de son Eglise.

---

[49] Concile Œcum. Vat. II, const. pastorale sur l'Eglise dans le monde de ce temps *Gaudium et spes*, 48.
[50] Cf. *Ep* 5, 25.

Le Christ renouvelle le dessein primitif que le Créateur a inscrit dans le cœur de l'homme et de la femme, et dans la célébration du sacrement du mariage il offre « un cœur nouveau »: ainsi, non seulement les époux peuvent surmonter la « dureté du cœur »,[51] mais aussi et surtout ils peuvent partager l'amour plénier et définitif du Christ, nouvelle et éternelle Alliance faite chair. De même que le Seigneur Jésus est le « témoin fidèle »,[52] le « oui » des promesses de Dieu[53] et donc la réalisation suprême de la fidélité inconditionnelle avec laquelle Dieu aime son peuple, ainsi les époux chrétiens sont appelés à participer réellement à l'indissolubilité irrévocable qui lie le Christ à l'Eglise, son Epouse, qu'il aime jusqu'à la fin des temps.[54]

Le don du sacrement est pour les époux chrétiens une vocation — en même temps qu'un commandement — à rester fidèles pour toujours, par delà les épreuves et les difficultés, dans une généreuse obéissance à la volonté du Seigneur: « Ce que Dieu a uni, l'homme ne doit point le séparer ».[55]

De nos jours, témoigner de la valeur inestimable de l'indissolubilité du mariage et de la fidélité conjugale est, pour les époux chrétiens, un des devoirs les plus importants et les plus pres-

[51] *Mt* 19, 8.
[52] *Ap* 3, 14.
[53] Cf. *2 Co* 1, 20.
[54] Cf. *Jn* 13, 1.
[55] *Mt* 19, 6.

sants. C'est pourquoi, en union avec tous mes Frères qui ont participé au Synode des Evêques, je loue et j'encourage tous les couples, et ils sont nombreux, qui au milieu de grandes difficultés gardent et font grandir ce bien qu'est l'indissolubilité: ils assument ainsi, d'une manière humble et courageuse, la tâche qui leur a été donnée, d'être dans le monde un « signe » — signe discret et précieux, parfois soumis à la tentation, mais toujours renouvelé — de la fidélité inlassable de l'amour de Dieu et de Jésus-Christ pour tous les hommes, pour tout homme. Et il faut aussi reconnaître le prix du témoignage des époux abandonnés par leur conjoint qui, grâce à leur foi et à leur espérance chrétiennes, n'ont pas contracté une nouvelle union: ils rendent ainsi un authentique témoignage de fidélité dont le monde d'aujourd'hui a tant besoin. C'est pourquoi les pasteurs et les fidèles de l'Eglise doivent les encourager et les aider à persévérer dans ce sens.

La communion élargie de la famille

21.   La communion conjugale constitue le fondement sur lequel s'édifie la communion plus large de la famille, des parents et des enfants, des frères et des sœurs entre eux, des parents proches et autres membres de la famille.

Une telle communion s'enracine dans les liens naturels de la chair et du sang et se développe en trouvant sa perfection proprement humaine par la mise en place et la maturation des liens encore plus profonds et plus riches de l'esprit: l'amour qui anime les rapports interpersonnels entre les différents membres de la famille est la force intérieure qui donne forme et vie à la communion et à la communauté familiales.

La famille chrétienne est en outre appelée à faire l'expérience d'une communion nouvelle et originale qui confirme l'expérience naturelle et humaine. En réalité la grâce de Jésus-Christ, « l'aîné d'une multitude de frères »,[56] est par sa nature et son dynamisme interne une « grâce de fraternité », comme l'appelle saint Thomas d'Aquin.[57] L'Esprit Saint répandu dans la célébration des sacrements est la source vivante et l'aliment inépuisable de la communion surnaturelle qui relie les croyants au Christ et les rassemble entre eux dans l'unité de l'Eglise de Dieu. La famille chrétienne est une révélation et une réalisation spécifique de la communion ecclésiale, c'est pourquoi elle peut et elle doit se dire « Eglise domestique ».[58]

Tous les membres de la famille, chacun selon ses propres dons, ont la grâce et la responsabilité de construire, jour après jour, la communion des personnes, en faisant de la famille une « école d'humanité plus complète et plus riche ».[59] Cela

[56] *Rm* 8, 29.
[57] S. Thomas d'Aquin, *Somme théologique,* II^a-II^{ae}, 14, 2, ad 4.
[58] Concile Œcum. Vat. II, const. dogmatique sur l'Eglise *Lumen gentium,* 11; cf. décr. sur l'apostolat des laïcs *Apostolicam actuositatem,* 11.
[59] Concile Œcum. Vat. II, const. pastorale sur l'Eglise dans le monde de ce temps *Gaudium et spes,* 52.

s'accomplit à travers les soins et l'amour donnés aux jeunes enfants, aux malades, aux personnes âgées; à travers les services réciproques de tous les jours; dans le partage des biens, des joies et des souffrances.

Pour construire une telle communion, un élément est fondamental, celui de l'échange éducatif entre parents et enfants,[60] qui permet à chacun de donner et de recevoir. A travers l'amour, le respect, l'obéissance à l'égard des parents, les enfants apportent leur part spécifique et irremplaçable à l'édification d'une famille authentiquement humaine et chrétienne.[61] Cela leur sera plus facile si les parents exercent sans faiblesse leur autorité comme un véritable « ministère », ou plutôt comme un service ordonné au bien humain et chrétien des enfants et plus particulièrement destiné à leur faire acquérir une liberté vraiment responsable, et si ces mêmes parents gardent une conscience aiguë du « don » qu'ils reçoivent sans cesse de leurs enfants.

Seul un grand esprit de sacrifice permet de sauvegarder et de perfectionner la communion familiale. Elle exige en effet une ouverture généreuse et prompte de tous et de chacun à la compréhension, à la tolérance, au pardon, à la réconciliation. Aucune famille n'ignore combien l'égoïsme, les dissensions, les tensions, les con-

---

[60] Cf. *Ep* 6, 1-4; *Col* 3, 20-21.
[61] Cf. Concile Œcum. Vat. II, const. pastorale sur l'Eglise dans le monde de ce temps *Gaudium et spes,* 48.

flits font violence à la communion familiale et peuvent même parfois l'anéantir: c'est là que trouvent leur origine les multiples et diverses formes de division dans la vie familiale. Mais, en même temps, chaque famille est toujours invitée par le Dieu de paix à faire l'expérience joyeuse et rénovatrice de la « réconciliation », c'est-à-dire de la communion restaurée, de l'unité retrouvée. En particulier la participation au sacrement de la réconciliation et au banquet de l'unique Corps du Christ donne à la famille chrétienne la grâce nécessaire, et la responsabilité correspondante, pour surmonter toutes les divisions et marcher vers la pleine vérité de la communion voulue par Dieu, répondant ainsi au très vif désir du Seigneur: « Que tous soient un ».[62]

Droits et rôle de la femme

22.   En tant qu'elle est, et qu'elle doit toujours devenir, une communion et une communauté de personnes, la famille trouve dans l'amour le motif et le stimulant permanent qui lui font accueillir, respecter et développer chacun de ses membres dans la très haute dignité de personnes, c'est-à-dire d'images vivantes de Dieu. Comme l'ont affirmé à juste titre les Pères du Synode, le critère moral de l'authenticité des relations conjugales et familiales réside dans la promotion de la dignité et de la vocation de chacune des personnes, qui

[62] *Jn* 17, 21.

trouvent leur plénitude dans le don sincère d'elles-mêmes.[63]

Dans cette perspective, le Synode a voulu accorder une attention privilégiée à la femme, à ses droits et à son rôle dans la famille et dans la société. C'est dans cette même perspective qu'il faut considérer également l'homme en tant qu'époux et père, l'enfant et les personnes âgées.

Au sujet de la femme, il faut noter avant tout sa dignité et sa responsabilité égales à celles de l'homme: cette égalité trouve une forme singulière de réalisation dans le don réciproque de soi entre les époux et dans le don d'eux-mêmes à leurs enfants; un tel don est propre au mariage et à la famille. Ce dont la raison humaine a l'intuition et ce qu'elle reconnaît est révélé en plénitude par la Parole de Dieu: l'histoire du salut, en effet, est un témoignage continuel et lumineux de la dignité de la femme.

En créant l'être humain «homme et femme»,[64] Dieu donne la dignité personnelle d'une manière égale à l'homme et à la femme, en les enrichissant des droits inaliénables et des responsabilités propres à la personne humaine. Puis Dieu manifeste la dignité de la femme de la façon la plus élevée possible en assumant Lui-même la chair de la Vierge Marie, que l'Eglise honore comme la Mère de Dieu en l'appelant la nouvelle Eve et en la proposant comme modèle de la

[63] Cf. Concile Œcum. Vat. II, const. pastorale sur l'Eglise dans le monde de ce temps *Gaudium et spes,* 24.
[64] *Gen* 1, 27.

44

femme rachetée. La délicate affection de Jésus envers les femmes qu'il a appelées à le suivre et auxquelles il a offert son amitié, son apparition le matin de Pâques à une femme avant de se montrer aux autres disciples, la mission confiée aux femmes de porter la bonne nouvelle de la Résurrection aux Apôtres, tout cela constitue des signes confirmant l'estime spéciale du Seigneur Jésus envers la femme. L'Apôtre Paul dira: « Vous êtes tous fils de Dieu, par la foi dans le Christ Jésus...; il n'y a plus ni Juif ni Grec, il n'y a ni esclave ni homme libre, il n'y a ni homme ni femme; car tous vous ne faites qu'un dans le Christ ».[65]

La femme et la société

23.   Sans traiter ici le thème vaste et complexe des rapports entre la femme et la société sous ses divers aspects, et en se limitant à quelques points essentiels, on ne peut pas ne pas observer que dans le domaine plus spécifiquement familial une tradition sociale et culturelle largement répandue a voulu réserver à la femme le seul rôle d'épouse et de mère, sans lui ouvrir d'une manière adéquate l'accès aux fonctions publiques, considérées généralement comme réservées à l'homme.

Il n'y a pas de doute que l'égalité de dignité et de responsabilité entre l'homme et la femme

---

[65] *Ga* 3, 26.28.

justifie pleinement l'accession de la femme aux fonctions publiques. Par ailleurs la vraie promotion de la femme exige que soit clairement reconnue la valeur de son rôle maternel et familial face à toutes les autres fonctions publiques et à toutes les autres professions. Il est du reste nécessaire que ces fonctions et ces professions soient étroitement liées entre elles si l'on veut que l'évolution sociale et culturelle soit vraiment et pleinement humaine.

Cela s'obtiendra plus facilement si, comme le Synode l'a souhaité, une « théologie du travail » renouvelée arrive à mettre en lumière et à approfondir le sens du travail dans la vie chrétienne, comme aussi à déterminer le lien fondamental qui existe entre le travail et la famille, et donc la signification originale et irremplaçable du travail à la maison et de l'éducation des enfants.[66] C'est pourquoi l'Eglise peut et doit aider la société actuelle, en demandant inlassablement que le travail de la femme à la maison soit reconnu et honoré par tous dans sa valeur irremplaçable. Cela revêt une importance particulière en ce qui concerne l'œuvre d'éducation; en effet, la racine même d'une discrimination éventuelle entre les divers travaux et les diverses professions est éliminée s'il apparaît clairement que tous, dans tout domaine, s'engagent avec des droits identiques

---

[66] Cf. Jean-Paul II, encyclique *Laborem exercens*, 19: *AAS* 73 (1981), p. 625.

et un sens identique de la responsabilité. Et ainsi l'image de Dieu dans l'homme et dans la femme resplendira davantage.

Si le droit d'accéder aux diverses fonctions publiques doit être reconnu aux femmes comme il l'est aux hommes, la société doit pourtant se structurer d'une manière telle que les épouses et les mères *ne soient pas obligées concrètement* à travailler hors du foyer et que, même si elles se consacrent totalement à leurs familles, celles-ci puissent vivre et se développer de façon convenable.

Il faut par ailleurs dépasser la mentalité selon laquelle l'honneur de la femme vient davantage du travail à l'extérieur que de l'activité familiale. Mais il faut pour cela que les hommes estiment et aiment vraiment la femme en tout respect de sa dignité personnelle, et que la société crée et développe des conditions adaptées pour le travail à la maison.

L'Eglise, tout en respectant la diversité de vocation entre l'homme et la femme, doit promouvoir dans la mesure du possible leur égalité de droit et de dignité dans la vie ecclésiale, et cela pour le bien de tous: de la famille, de la société et de l'Eglise.

Il est évident toutefois que tout cela signifie pour la femme, non pas le renoncement à sa féminité ni l'imitation du caractère masculin, mais la plénitude de la véritable humanité féminine telle qu'elle doit s'exprimer dans sa manière d'agir, que ce soit en famille ou hors d'elle, sans oublier par ailleurs la variété des coutumes et des cultures dans ce domaine.

Offenses à la dignité de la femme

24.   Malheureusement, le message chrétien sur la dignité de la femme est contredit par la mentalité persistante qui considère l'être humain non comme une personne mais comme une chose, comme un objet d'achat ou de vente, au service de l'intérêt égoïste et du seul plaisir. La première victime d'une telle mentalité est la femme.

Cette mentalité produit des fruits très amers, comme le mépris de l'homme et de la femme, l'esclavage, l'oppression des faibles, la pornographie, la prostitution — surtout quand elle est organisée — et toutes les formes de discrimination que l'on trouve dans le domaine de l'éducation, de la profession, de la rétribution du travail, etc.

En outre, aujourd'hui encore, dans une grande partie de notre société subsistent de nombreuses formes de discrimination avilissante qui atteignent et offensent gravement certaines catégories particulières de femmes, comme par exemple les épouses sans enfants, les veuves, les femmes séparées, les divorcées, les mères célibataires.

Ces discriminations, et bien d'autres encore, ont été déplorées avec toute la force possible par les Pères du Synode: je demande donc à tous de s'engager dans une action pastorale spécifique plus vigoureuse et plus incisive afin qu'elles soient définitivement éliminées et que l'on en arrive à une pleine estime de l'image de Dieu qui resplendit en tout être humain sans aucune exception.

L'homme, époux et père

25.   A l'intérieur de la communion qu'est la communauté conjugale et familiale, l'homme est appelé à vivre son don et son rôle d'époux et de père.

Il voit dans son épouse l'accomplissement du dessein de Dieu: « Il n'est pas bon que l'homme soit seul. Il faut que je lui fasse une aide qui lui soit assortie »;[67] et il fait sienne l'exclamation d'Adam, le premier époux: « Cette fois-ci, voilà l'os de mes os et la chair de ma chair! ».[68]

L'amour conjugal authentique suppose et exige que l'homme ait un profond respect à l'égard de la dignité de sa femme: « Tu n'es pas son maître — écrit saint Ambroise — mais son mari; elle t'a été donnée pour femme et non pour esclave... Rends-lui les attentions qu'elle a pour toi et sois-lui reconnaissant de son amour ».[69] L'homme doit vivre avec son épouse « une forme toute spéciale d'amitié personnelle ».[70] Quant au chrétien, il est appelé à développer une attitude

[67] *Gn* 2, 18.
[68] *Ibid.*, 2, 23.
[69] S. Ambroise, *Exameron,* V, 7, 19: *CSEL* 32, I, 154.
[70] Paul VI, encyclique *Humanae vitae,* 9: *AAS* 60 (1968), p. 486.

d'amour nouveau qui manifeste envers sa femme la charité délicate et forte qu'a le Christ pour l'Eglise.[71]

L'amour envers sa femme devenue mère et l'amour envers ses enfants sont pour l'homme la route naturelle menant à la compréhension et à la réalisation de sa paternité. Là surtout où les conditions sociales et culturelles poussent facilement le père à se désintéresser d'une certaine façon de sa famille, ou du moins à être moins présent au travail d'éducation, il faut faire en sorte que l'on retrouve dans la société la conviction que la place et le rôle du père dans et pour la famille sont d'une importance unique et irremplaçable.[72] Comme le montre l'expérience, l'absence du père provoque des déséquilibres psychologiques et moraux ainsi que des difficultés notables dans les relations familiales; il en est de même, en sens inverse, pour la présence oppressive du père, spécialement là où existe encore le phénomène que l'on a appelé le « machisme », c'est-à-dire la supériorité abusive des prérogatives masculines qui humilient la femme et empêchent le développement de saines relations familiales.

En manifestant et en revivant sur terre la paternité même de Dieu,[73] l'homme est appelé à garantir le développement unitaire de tous les

[71] Cf. *Ep* 5, 25.
[72] Cf. Jean-Paul II, homélie aux fidèles de Terni, 19 mars 1981, nn. 3-5: *AAS* 73 (1981), pp. 268-271.
[73] Cf. *Ep* 3, 15.

membres de la famille. Pour accomplir cette tâche, il lui faudra une généreuse responsabilité à l'égard de la vie conçue sous le cœur de la mère, un effort d'éducation plus appliqué et partagé avec son épouse,[74] un travail qui ne désagrège jamais la famille mais la renforce dans son union et sa stabilité, un témoignage de vie chrétienne adulte qui introduise plus efficacement les enfants dans l'expérience vivante du Christ et de l'Eglise.

Les droits de l'enfant

26.   Au sein de la famille, communauté de personnes, une attention très spéciale sera réservée à l'enfant, de façon à développer une profonde estime pour sa dignité personnelle comme aussi un grand respect pour ses droits que l'on doit servir généreusement. Cela vaut pour tous les enfants, mais c'est d'autant plus important que l'enfant est plus jeune, ayant besoin de tout, ou qu'il est malade, souffrant ou handicapé.

En demandant et en portant elle-même une attention à la fois tendre et forte pour tout enfant qui vient au monde, l'Eglise accomplit une de ses missions fondamentales. Elle est appelée, en effet, à faire connaître et à proposer à nouveau dans l'histoire l'exemple et le commandement du Christ Seigneur qui a voulu placer l'enfant au centre du Royaume de Dieu: « Laissez les petits

---

[74] Cf. Concile Œcum. Vat. II, const. pastorale sur l'Eglise dans le monde de ce temps *Gaudium et spes, 52.*

enfants venir à moi, ne les empêchez pas; car c'est à leurs pareils qu'appartient le Royaume de Dieu ».[75]

Je reprends ici ce que j'ai dit à l'Assemblée générale des Nations Unies le 2 octobre 1979: « Je désire... exprimer la joie que constituent pour chacun d'entre nous les enfants, printemps de la vie, anticipation de l'histoire à venir de chacune des patries terrestres. Aucun pays du monde, aucun système politique ne peut songer à son propre avenir autrement qu'à travers l'image de ces nouvelles générations qui, à la suite de leurs parents, assumeront le patrimoine multiforme des valeurs, des devoirs, des aspirations de la nation à laquelle elles appartiennent, en même temps que le patrimoine de toute la famille humaine. La sollicitude pour l'enfant, dès avant sa naissance, dès le premier moment de sa conception, et ensuite au cours de son enfance et de son adolescence, est pour l'homme la manière primordiale et fondamentale de vérifier sa relation à l'homme. Aussi, que peut-on souhaiter de plus à chaque peuple et à toute l'humanité, à tous les enfants du monde, sinon cet avenir meilleur où le respect des droits de l'homme devienne une pleine réalité dans le cadre de l'An 2000 qui approche? ».[76]

L'accueil, l'amour, l'estime, le service multiple et unitaire — matériel, affectif, éducatif,

[75] *Lc* 18, 16; cf. *Mt* 19, 14; *Mc* 10, 14.
[76] Jean-Paul II, discours à l'Assemblée générale des Nations Unies, 2 octobre 1979, n. 21: *AAS* 71 (1979), p. 1159.

spirituel — envers tout enfant qui vient au monde devront toujours constituer une note distinctive et imprescriptible des chrétiens, en particulier des familles chrétiennes. Ainsi, tandis que les enfants pourront croître « en sagesse, en âge et en grâce devant Dieu et devant les hommes »,[77] ils apporteront leur précieuse contribution à l'édification de la communauté familiale et même à la sanctification des parents.[78]

Les personnes âgées dans la famille

27.   Il y a des cultures qui manifestent une vénération singulière et un grand amour pour les personnes âgées: loin d'être bannie de la famille ou supportée comme un poids inutile, la personne âgée reste insérée dans la vie familiale, continue à y prendre une part active et responsable — tout en devant respecter l'autonomie de la nouvelle famille — et surtout elle exerce la précieuse mission d'être témoin du passé et source de sagesse pour les jeunes et pour l'avenir.

D'autres cultures, au contraire, notamment à la suite d'un développement industriel et urbain désordonné, ont conduit et continuent à conduire les personnes âgées à des formes inacceptables de marginalité qui sont la source à la fois de souffrances aiguës pour elles-mêmes et d'appauvrissement spirituel pour tant de familles.

[77] *Lc* 2, 52.
[78] Cf. Concile Œcum. Vat. II, const. pastorale sur l'Eglise dans le monde de ce temps *Gaudium et spes,* 48.

Il est nécessaire que l'action pastorale de l'Eglise stimule chacun à découvrir et à valoriser le rôle des personnes âgées dans la communauté civile et ecclésiale, et en particulier dans la famille. En réalité, « la vie des personnes âgées aide à clarifier l'échelle des valeurs humaines; elle montre la continuité des générations et elle est une preuve merveilleuse de l'interdépendance du peuple de Dieu. Les personnes âgées possèdent souvent le charisme de combler les fossés entre les générations avant qu'ils ne soient creusés: combien d'enfants ont trouvé compréhension et amour dans les yeux, les paroles et les caresses des personnes âgées! Et combien parmi celles-ci ont, avec empressement, souscrit à ces paroles divines: "La couronne des grands-parents, c'est leurs petits-enfants" (*Pr* 17, 6)! ».[79]

II – LE SERVICE DE LA VIE

1) *La transmission de la vie*

**Coopérateurs de l'amour
de Dieu Créateur**

28.   En créant l'homme et la femme à son image et ressemblance, Dieu couronne et porte à sa perfection l'œuvre de ses mains: il les appelle à participer spécialement à son amour et aussi

---

[79] Jean-Paul II, discours aux participants de l'« International Forum on Active Aging », 5 septembre 1980, n. 5: *Insegnamenti di Giovanni Paolo II,* III, 2 (1980), 539.

à son pouvoir de Créateur et de Père, moyennant leur coopération libre et responsable pour transmettre le don de la vie humaine: « Dieu les bénit et leur dit: Soyez féconds et multipliez-vous, remplissez la terre et soumettez-la! ».[80]

C'est ainsi que le but fondamental de la famille est le service de la vie, la réalisation, tout au long de l'histoire, de la bénédiction de Dieu à l'origine, en transmettant l'image divine d'homme à homme, dans l'acte de la génération.[81]

La fécondité est le fruit et le signe de l'amour conjugal, le témoignage vivant de la pleine donation réciproque des époux: « Dès lors, un amour conjugal vrai et bien compris, comme toute la structure de la vie familiale qui en découle, tendent, sans sous-estimer pour autant les autres fins du mariage, à rendre les époux disponibles pour coopérer courageusement à l'amour du Créateur et du Sauveur qui, par eux, veut sans cesse agrandir et enrichir sa propre famille ».[82]

La fécondité de l'amour conjugal ne se réduit pas à la seule procréation des enfants, même entendue en son sens spécifiquement humain: elle s'élargit et s'enrichit de tous les fruits de vie morale, spirituelle et surnaturelle que le père et la mère sont appelés à donner à leurs enfants et, à travers eux, à l'Eglise et au monde.

---

[80] *Gn* 1, 28.
[81] Cf. *ibid.,* 5, 1-3.
[82] Concile Œcum. Vat. II, const. pastorale sur l'Eglise dans le monde de ce temps *Gaudium et spes,* 50.

29.   Précisément parce que l'amour des conjoints est une participation singulière au mystère
de la vie et de l'amour de Dieu lui-même, l'Eglise
sait qu'elle a reçu la mission spéciale de conserver et de protéger la haute dignité du mariage et
la grave responsabilité de la transmission de la
vie humaine.

Ainsi, en continuité avec la tradition vivante
de la communauté ecclésiale tout au long de
l'histoire, le récent Concile Vatican II et le magistère de mon prédécesseur Paul VI, exprimé
surtout dans l'encyclique *Humanae vitae,* ont
transmis à notre époque une annonce vraiment
prophétique, qui affirme et propose de nouveau
avec clarté la doctrine et la norme toujours an-
ciennes et toujours nouvelles de l'Eglise sur le
mariage et sur la transmission de la vie.

C'est pourquoi, dans leur dernière Assemblée, les Pères du Synode ont textuellement dé-
claré: « Le Saint Synode, en union de foi avec
le Successeur de Pierre, maintient fermement ce
qui est proposé au Concile Vatican II (cf. *Gaudium et spes,* n. 50) et ensuite dans l'encyclique
Humanae vitae, et en particulier le fait que
l'amour conjugal doit être pleinement humain,
exclusif et ouvert à une nouvelle vie (*Humanae
vitae,* n. 11 et cf. 9 et 12) ».[83]

---

[83] *Proposition* 22. La conclusion du n. 11 de l'encyclique
affirme: « L'Eglise, rappelant les hommes à l'observation de la

30.   La doctrine de l'Eglise est placée aujour-
d'hui dans une situation sociale et culturelle qui
la rend à la fois plus difficile à comprendre mais
aussi plus pressante et irremplaçable pour promouvoir le bien véritable de l'homme et de la
femme.

Car le progrès scientifique et technique, que
l'homme contemporain accroît continuellement
en dominant la nature, ne développe pas seulement l'espérance de créer une humanité nouvelle
et meilleure, mais aussi une angoisse toujours
plus forte au sujet de l'avenir. Certains se demandent si vivre est un bien, et s'il ne serait pas
préférable de ne pas être nés: ils se demandent
donc s'il est permis d'appeler à la vie d'autres
hommes qui pourraient en venir à maudire leur
existence dans un monde cruel, dont les terreurs
ne sont pas même prévisibles. Les uns pensent
être les uniques destinataires des avantages de la
technique et en excluent les autres, auxquels
sont imposés des moyens contraceptifs ou des
pratiques encore pires. D'autres encore, empri-
sonnés dans une mentalité de consommation et
ayant l'unique préoccupation d'accroître continuellement les biens matériels, finissent par ne
plus comprendre et donc par refuser la richesse
spirituelle d'une nouvelle vie humaine. La raison

loi naturelle, interprétée par sa constante doctrine, enseigne que
tout acte matrimonial doit rester ouvert à la transmission de
la vie » (*ut quilibet matrimonii usus ad vitam humanam pro-
creandam per se destinatus permaneat*): *AAS* 60 (1968), p. 488.

ultime de telles mentalités est l'absence, dans le cœur des hommes, de Dieu dont seul l'amour est plus fort que toutes les peurs possibles du monde et peut les vaincre.

C'est ainsi qu'est né un esprit contraire à la vie (*anti-life mentality*) qui apparaît dans beaucoup de questions actuelles: que l'on pense, par exemple, à une certaine panique dérivant des études faites par les écologistes et les futurologues sur la démographie, qui parfois exagèrent le péril de la croissance démographique pesant sur la qualité de la vie.

Mais l'Eglise croit fermement que la vie humaine, même faible et souffrante, est toujours un magnifique don du Dieu de bonté. Contre le pessimisme et l'égoïsme qui obscurcissent le monde, l'Eglise prend parti pour la vie, et dans chaque vie humaine elle sait découvrir la splendeur de ce « Oui », de cet « Amen » qu'est le Christ.[84] Au « non » qui envahit et attriste le monde, elle oppose ce « Oui » vivant, défendant ainsi l'homme et le monde contre ceux qui menacent la vie et lui portent atteinte.

L'Eglise est appelée à manifester de nouveau à tous, par une conviction plus vive et plus ferme, sa volonté de promouvoir la vie humaine par tous les moyens et de la défendre contre toute menace, en quelque condition et à quelque stade de développement qu'elle se trouve.

C'est pourquoi l'Eglise condamne comme une

[84] Cf. *2 Co* 1, 19; *Ap* 3, 14.

grave offense à la dignité humaine et à la justice toutes les activités des gouvernements ou des autres autorités publiques qui essaient de limiter en quelque manière la liberté des conjoints dans leurs décisions concernant les enfants. Par conséquent, toute violence exercée par des autorités en faveur de la contraception, voire de la stérilisation ou de l'avortement provoqué, est à condamner absolument et à rejeter avec force. En même temps, il faut stigmatiser comme gravement injuste le fait que, dans les relations internationales, l'aide économique accordée pour la promotion des peuples soit conditionnée par des programmes de contraception, de stérilisation et d'avortement provoqué.[85]

Pour que le dessein de Dieu se réalise toujours plus pleinement

31. L'Eglise est assurément consciente aussi des problèmes multiples et complexes qui, dans beaucoup de pays, pèsent aujourd'hui sur les époux dans leur tâche de transmettre la vie de façon responsable. Elle reconnaît également le grave problème de l'accroissement démographique, tel qu'il se présente en diverses parties du monde, avec les implications morales qu'il comporte.

Elle estime, toutefois, que considérer de manière approfondie tous les aspects de ces problèmes ne peut que confirmer une nouvelle fois

---

[85] Cf. Message du VIe Synode des Evêques aux familles chrétiennes dans le monde d'aujourd'hui, 24 octobre 1980, n. 5.

et plus fortement encore l'importance de la doctrine authentique sur la régulation des naissances, présentée à nouveau par le second Concile du Vatican et l'encyclique *Humanae vitae*.

C'est pourquoi, avec les Pères du Synode, je me sens le devoir d'adresser aux théologiens un appel pressant afin qu'unissant leurs forces pour collaborer avec le Magistère hiérarchique, ils fassent leur possible pour mettre toujours mieux en lumière les fondements bibliques, les motivations éthiques et les raisons personnalistes qui sous-tendent cette doctrine. Il sera ainsi possible, dans le cadre d'un exposé ordonné, de rendre la doctrine de l'Eglise concernant cet important chapitre vraiment accessible à tous les hommes de bonne volonté, et d'en favoriser la compréhension de façon toujours plus claire et plus approfondie: de cette manière le dessein de Dieu pourra être réalisé toujours plus pleinement pour le salut de l'homme et la gloire du Créateur.

A cet égard, l'effort coordonné des théologiens, inspiré par une adhésion convaincue au Magistère qui est l'unique guide authentique du peuple de Dieu, présente une urgence particulière qui vient aussi du lien profond existant entre la doctrine catholique sur ce point et la vision de l'homme proposée par l'Eglise: des doutes ou des erreurs dans le domaine conjugal ou familial entraînent un grave obscurcissement de la vérité intégrale sur l'homme, qui se trouve déjà dans une situation culturelle si souvent confuse et contradictoire. L'éclairage et l'approfondissement que les théologiens sont appelés à apporter en accomplissement de leur tâche spécifique sont d'une valeur incomparable et constituent un service singulier, et combien méritoire, rendu à la famille et à l'humanité.

Dans la vision intégrale de l'homme et de sa vocation

32.　Dans le cadre d'une culture qui déforme gravement ou qui va jusqu'à perdre la signification véritable de la sexualité humaine, en l'arrachant à sa référence essentielle à la personne, l'Eglise découvre de façon urgente et irremplaçable sa mission de présenter la sexualité comme valeur et engagement de toute la personne, créée, homme et femme, à l'image de Dieu.

Dans cette perspective, le Concile Vatican II a clairement affirmé que « lorsqu'il s'agit de mettre en accord l'amour conjugal avec la transmission responsable de la vie, la moralité du comportement ne dépend pas de la seule sincérité de l'intention et de la seule appréciation des motifs; mais elle doit être déterminée selon des *critères objectifs, tirés de la nature même de la personne et de ses actes,* critères qui respectent, dans un contexte d'amour véritable, la signification totale d'une donation réciproque et d'une procréation à la mesure de l'homme; chose impossible si la vertu de chasteté conjugale n'est pas pratiquée d'un cœur loyal ».[86]

---

[86] Const. pastorale sur l'Eglise dans le monde de ce temps *Gaudium et spes,* 51.

C'est en partant de la « vision intégrale de l'homme et de sa vocation, non seulement naturelle et terrestre, mais aussi surnaturelle et éternelle »,[87] que Paul VI a affirmé que la doctrine de l'Eglise « est fondée sur le lien indissoluble, que Dieu a voulu et que l'homme ne peut rompre de son initiative, entre les deux significations de l'acte conjugal: union et procréation ».[88] Et il a conclu en réaffirmant qu'il y a lieu d'exclure, comme intrinsèquement mauvaise, « toute action qui, soit en prévision de l'acte conjugal, soit dans son déroulement, soit dans le développement de ses conséquences naturelles, se proposerait comme but ou comme moyen de rendre impossible la procréation ».[89]

Lorsque les époux, en recourant à la contraception, séparent ces deux significations que le Dieu créateur a inscrites dans l'être de l'homme et de la femme comme dans le dynamisme de leur communion sexuelle, ils se comportent en « arbitres » du dessein de Dieu; ils « manipulent » et avilissent la sexualité humaine et, avec elle, leur propre personne et celle du conjoint en altérant la valeur de leur donation « totale ». Ainsi, au langage qui exprime naturellement la donation réciproque et totale des époux, la contraception oppose un langage objectivement contradictoire, selon lequel il ne s'agit plus de se donner totalement à l'autre; il en découle non seulement le

---

[87] Encyclique *Humanae vitae*, 7: *AAS* 60 (1968), p. 485.
[88] *Ibid.*, 12: *l.c.*, pp. 488-489.
[89] *Ibid.*, 14: *l.c.*, p. 490.

refus positif de l'ouverture à la vie, mais aussi une falsification de la vérité intérieure de l'amour conjugal, appelé à être un don de la personne tout entière.

En revanche lorsque les époux, en observant le recours à des périodes infécondes, respectent le lien indissoluble entre les aspects d'union et de procréation de la sexualité humaine, ils se comportent comme des « ministres » du dessein de Dieu et ils usent de la sexualité en « usufruitiers », selon le dynamisme originel de la donation « totale », sans manipulations ni altérations.[90]

A la lumière de l'expérience de tant de couples et des données des diverses sciences humaines, la réflexion théologique peut saisir — et elle est appelée à l'approfondir — *la différence anthropologique et en même temps morale* existant entre la contraception et le recours aux rythmes périodiques: il s'agit d'une différence beaucoup plus importante et plus profonde qu'on ne le pense habituellement et qui, en dernière analyse, implique deux conceptions de la personne et de la sexualité humaine irréductibles l'une à l'autre. Le choix des rythmes naturels comporte l'acceptation du temps de la personne, ici du cycle féminin, et aussi l'acceptation du dialogue, du respect réciproque, de la responsabilité commune, de la maîtrise de soi. Accueillir le temps et le dialogue signifie reconnaître le caractère à la fois spirituel et corporel de la communion conjugale,

[90] *Ibid.*, 13: *l. c.*, p. 489.

et également vivre l'amour personnel dans son exigence de fidélité. Dans ce contexte, le couple expérimente le fait que la communion conjugale est enrichie par les valeurs de tendresse et d'affectivité qui constituent la nature profonde de la sexualité humaine, jusque dans sa dimension physique. Ainsi, la sexualité est respectée et promue dans sa dimension vraiment et pleinement humaine, mais n'est jamais « utilisée » comme un « objet » qui, dissolvant l'unité personnelle de l'âme et du corps, atteint la création de Dieu dans les liens les plus intimes unissant nature et personne.

L'Eglise, éducatrice et mère pour les conjoints en difficulté

33.   C'est aussi dans le domaine de la morale conjugale que l'Eglise est éducatrice et mère et agit comme telle.

Educatrice, elle ne se lasse pas de proclamer la norme morale qui doit guider la transmission responsable de la vie. L'Eglise n'est ni l'auteur ni l'arbitre d'une telle norme. Par obéissance à la vérité qui est le Christ, dont l'image se reflète dans la nature et dans la dignité de la personne humaine, l'Eglise interprète la norme morale et la propose à tous les hommes de bonne volonté, sans en cacher les exigences de radicalisme et de perfection.

En tant que mère, l'Eglise se fait proche de tant de couples en difficulté sur ce point important de la vie morale: elle connaît bien leur situation, souvent très pénible et parfois aggravée par des difficultés de tous genres, à la fois individuelles et sociales. Elle sait que de nombreux conjoints rencontrent de telles difficultés tant pour la pratique concrète que pour la compréhension des valeurs comprises dans la norme morale.

C'est cependant la même et unique Eglise qui est à la fois éducatrice et mère. Aussi ne cesse-t-elle de faire entendre ses appels et ses encouragements à résoudre les difficultés conjugales éventuelles sans jamais falsifier ni compromettre la vérité. Elle est en effet convaincue qu'il ne saurait y avoir de vraie contradiction entre la loi divine concernant la transmission de la vie et celle qui demande de favoriser le véritable amour conjugal.[91] C'est pourquoi la pédagogie concrète de l'Eglise doit toujours être liée à sa doctrine et jamais séparée d'elle. Je le répète, avec la même conviction que mon prédécesseur: « Ne diminuer en rien la salutaire doctrine du Christ est une forme éminente de charité envers les âmes ».[92]

D'autre part, la vraie pédagogie de l'Eglise ne révèle son réalisme et sa sagesse qu'en faisant des efforts tenaces et courageaux pour créer et soutenir toutes les conditions humaines — psychologiques, morales et spirituelles — qui sont

---

[91] Cf. Concile Œcum. Vat. II, const. pastorale sur l'Eglise dans le monde de ce temps *Gaudium et spes*, 51.

[92] Encyclique *Humanae vitae*, 29: *AAS* 60 (1968), p. 501.

indispensables pour comprendre et vivre la valeur et la norme morales.

Il n'y a pas de doute que parmi ces conditions on doit mentionner la constance et la patience, l'humilité et la force d'âme, la confiance filiale en Dieu et dans sa grâce, le recours fréquent à la prière et aux sacrements de l'Eucharistie et de la réconciliation.[93] Ainsi rendus plus forts, les époux chrétiens pourront conserver vivante la conscience de l'influence singulière que la grâce du sacrement de mariage exerce sur tous les aspects concrets de leur vie conjugale, et donc sur leur sexualité. Le don de l'Esprit Saint, accueilli par les époux, les aide à vivre leur sexualité selon le dessein de Dieu et comme un signe de l'amour qui unit le Christ à son Eglise en étant pour elle source de fécondité.

Mais, parmi les conditions nécessaires, entre aussi la connaissance de la « corporéité » et de ses rythmes de fécondité. En ce sens, il faut tout faire pour qu'une telle connaissance soit rendue accessible à tous les conjoints, et d'abord aux jeunes, moyennant une information et une éducation claires, données à temps et avec sérieux, par des couples, des médecins et des experts. Cette connaissance doit parvenir à l'éducation du contrôle de soi; d'où la nécessité absolue de la vertu de chasteté et d'une éducation permanente en ce sens. Selon la vision chrétienne,

[93] Encyclique *Humanae vitae,* 25: *AAS* 60 (1968), pp. 498-499.

la chasteté ne signifie absolument pas refus ou mésestime de la sexualité humaine, mais plutôt une énergie spirituelle sachant défendre l'amour des périls de l'égoïsme et de l'agressivité, en le conduisant vers sa pleine réalisation.

Paul VI, avec une intuition riche de sagesse et d'amour, n'a rien fait d'autre que de donner la parole à l'expérience de tant de couples lorsqu'il a écrit dans son encyclique: « La maîtrise de l'instinct par la raison et la libre volonté impose sans nul doute une ascèse, pour que les manifestations affectives de la vie conjugale soient dûment réglées, en particulier pour l'observance de la continence périodique. Mais cette discipline, propre à la pureté des époux, bien loin de nuire à l'amour conjugal, lui confère au contraire une plus haute valeur humaine. Elle exige un effort continuel, mais grâce à son influence bienfaisante, les conjoints développent intégralement leur personnalité, en s'enrichissant de valeurs spirituelles: elle apporte à la vie familiale des fruits de sérénité et de paix, et elle facilite la solution d'autres problèmes; elle favorise l'attention à l'autre conjoint, aide les époux à bannir l'égoïsme, ennemi du véritable amour, et approfondit leur sens des responsabilités dans l'accomplissement de leurs devoirs. Les parents acquièrent ainsi la capacité d'une influence plus profonde et plus efficace pour l'éducation des enfants ».[94]

---

[94] *Ibid.*, 21: *l. c.*, p. 496.

34.   Il est toujours d'une grande importance d'avoir une conception droite de l'ordre moral, de ses valeurs et de ses normes; et cela d'autant plus que les difficultés à les respecter deviennent plus nombreuses et plus graves.

Puisque l'ordre moral révèle et propose le dessein du Dieu créateur, il ne saurait être pour l'homme ni impersonnel ni cause de mort. Au contraire, il répond aux exigences inscrites au plus profond de l'homme créé par Dieu. Il est mis au service de sa pleine humanité, avec l'amour délicat et exigeant par lequel Dieu lui-même inspire et soutient toute créature et la guide vers son bonheur.

Mais l'homme, appelé à vivre de façon responsable ce dessein de Dieu empreint de sagesse et d'amour, est un être situé dans l'histoire. Jour après jour, il se construit par ses choix nombreux et libres. Ainsi il connaît, aime et accomplit le bien moral en suivant les étapes d'une croissance.

Les époux, dans la sphère de leur vie morale, sont eux aussi appelés à cheminer sans se lasser, soutenus par le désir sincère et agissant de mieux connaître les valeurs garanties et promues par la loi divine, avec la volonté de les incarner de façon droite et généreuse dans leurs choix concrets. Ils ne peuvent toutefois considérer la loi comme un simple idéal à atteindre dans le futur, mais ils doivent la regarder comme un commandement du Christ Seigneur leur enjoignant de surmonter sérieusement les obstacles. « C'est pourquoi ce qu'on appelle la "loi de gradualité" ou voie graduelle ne peut s'identifier à la "gradualité de la loi", comme s'il y avait, dans la loi divine, des degrés et des formes de préceptes différents selon les personnes et les situations diverses. Tous les époux sont appelés à la sainteté dans le mariage, selon la volonté de Dieu, et cette vocation se réalise dans la mesure où la personne humaine est capable de répondre au précepte divin, animée d'une confiance sereine en la grâce divine et en sa propre volonté ».[95] De même il appartient à la pédagogie de l'Eglise de faire en sorte que, avant tout, les conjoints reconnaissent clairement la doctrine d'*Humanae vitae* comme norme pour l'exercice de la sexualité et s'attachent sincèrement à établir les conditions nécessaires à son observation.

Comme l'a relevé le Synode, cette pédagogie embrasse toute la vie conjugale. Aussi le souci de transmettre la vie doit-il s'intégrer dans la totalité de la mission de la vie chrétienne, qui, sans la croix, ne peut parvenir à la résurrection. Dans ce contexte, on comprend qu'il n'est pas possible de supprimer le sacrifice dans la vie de la famille, mais qu'il faut au contraire l'accepter de bon cœur afin que l'amour conjugal s'approfondisse et devienne source de joie intime.

Ce chemin commun à tous exige une réflexion, une information et une éducation adéquates chez

---

[95] Jean-Paul II, homélie à la messe de clôture du VIe Synode des Evêques, 25 octobre 1980, n. 8: *AAS* 72 (1980), p. 1083.

les prêtres, les religieux et les laïcs engagés dans la pastorale de la famille. Ils pourront ainsi aider les époux dans leur itinéraire humain et spirituel, itinéraire comportant la conscience du péché, l'engagement sincère d'observer la loi morale, le ministère de la réconciliation. Il convient encore d'avoir présent à l'esprit que, dans l'intimité conjugale, sont impliquées les volontés de deux personnes, mais qui sont appelées à se comporter et à penser en harmonie: cela demande beaucoup de patience, de sympathie et de temps. Il est d'une singulière importance que, dans ce domaine, règne l'unité des jugements moraux et pastoraux des prêtres. Celle-ci doit être recherchée avec soin et exister réellement pour que les fidèles ne souffrent pas de troubles de conscience.[96]

Le cheminement des époux sera facilité dans la mesure où, remplis d'estime pour la doctrine de l'Eglise et de confiance en la grâce du Christ, aidés et accompagnés par les pasteurs d'âmes et par la communauté ecclésiale tout entière, ils sauront découvrir et expérimenter la valeur de libération et de promotion de l'amour authentique qu'offre l'Evangile et que propose le commandement du Seigneur.

[96] Cf. Paul VI, encyclique *Humanae vitae*, 28: *AAS* 60 (1968), p. 501.

35.   Devant le problème d'une honnête régulation des naissances, la communauté ecclésiale doit aujourd'hui s'efforcer de susciter des convictions et d'offrir une aide concrète à ceux qui veulent vivre la paternité et la maternité de façon vraiment responsable.

En ce domaine, l'Eglise se réjouit des résultats auxquels sont parvenues les recherches scientifiques pour une connaissance plus précise des rythmes de la fécondité féminine et elle stimule un développement plus approfondi et plus décisif de telles études. Mais en même temps elle se doit de solliciter avec une vigueur nouvelle la responsabilité de tous ceux qui — médecins, spécialistes, conseillers conjugaux, éducateurs, couples — peuvent aider efficacement les conjoints à vivre leur amour dans le respect de la structure et des finalités de l'acte conjugal qui l'exprime. Cela signifie des efforts plus étendus, plus décisifs et plus systématiques pour faire connaître, estimer et appliquer les méthodes naturelles de régulation de la fécondité.[97]

Un témoignage précieux peut et doit être donné par les épous qui, grâce à l'effort de con-

---

[97] Cf. Jean-Paul II, discours aux délégués du Centre de liaison des Equipes de recherche (CLER), 3 novembre 1979, n. 9: *Insegnamenti di Giovanni Paolo II,* II, 2 (1979), 1035; cf. aussi discours aux participants du premier Congrès pour la famille d'Afrique et d'Europe, 15 janvier 1981: *L'Osservatore Romano,* 16 janvier 1981, pp. 1-2.

tinence périodique, sont parvenus à une responsabilité personnelle plus mûre devant l'amour et
la vie. Comme l'écrivait Paul VI: « C'est à eux
que le Seigneur confie la tâche de rendre visible
aux hommes la sainteté et la douceur de la loi
qui unit l'amour mutuel des époux à leur coopération à l'amour de Dieu auteur de la vie humaine ».[98]

2) *L'éducation*

Le droit et le devoir d'éducation
qui reviennent aux parents

36.   Le devoir d'éducation a ses racines dans la
vocation primordiale des époux à participer à
l'œuvre créatrice de Dieu: en engendrant dans
l'amour et par amour une nouvelle personne
possédant en soi la vocation à la croissance
et au développement, les parents assument par
là-même le devoir de l'aider efficacement à vivre
une vie pleinement humaine. Comme l'a rappelé
le Concile Vatican II: « Les parents, parce qu'ils
ont donné la vie à leurs enfants, ont la très grave
obligation de les élever et, à ce titre, ils doivent
être reconnus comme leurs premiers et principaux
éducateurs. Le rôle éducatif des parents est d'une
telle importance que, en cas de défaillance de
leur part, il peut difficilement être suppléé. C'est

[98] Encyclique *Humanae vitae*, 25: *AAS* 60 (1968), p. 499.

aux parents, en effet, de créer une atmosphère familiale, animée par l'amour et le respect envers Dieu et les hommes, telle qu'elle favorise l'éducation totale, personnelle et sociale, de leurs enfants. La famille est donc la première école des vertus sociales dont aucune société ne peut se passer ».[99]

Le droit et le devoir d'éducation sont pour les parents quelque chose d'*essentiel,* de par leur lien avec la transmission de la vie; quelque chose d'*original* et de *primordial,* par rapport au devoir éducatif des autres, en raison du caractère unique du rapport d'amour existant entre parents et enfants; quelque chose d'*irremplaçable* et d'*inaliénable,* qui ne peut donc être totalement délégué à d'autres ni usurpé par d'autres.

Outre ces caractéristiques, on ne peut oublier que l'élément le plus radical, de nature à qualifier le devoir éducatif des parents, est l'*amour paternel et maternel,* qui trouve dans l'œuvre de l'éducation son accomplissement en complétant et en perfectionnant pleinement leur service de la vie. De *source* qu'il était, l'amour des parents devient ainsi l'*âme* et donc la *norme* qui inspirent et guident toute l'action éducative concrète, en l'enrichissant des valeurs de douceur, de constance, de bonté, de service, de désintéressement, d'esprit de sacrifice, qui sont les fruits les plus précieux de l'amour.

[99] Déclaration sur l'éducation chrétienne *Gravissimum educationis,* 3.

37.   Bien qu'affrontés aux difficultés, souvent plus grandes aujourd'hui, de leur tâche d'éducateurs, les parents doivent, avec confiance et courage, former leurs enfants au sens des valeurs essentielles de la vie humaine. Les enfants doivent grandir dans une juste liberté devant les biens matériels, en adoptant un style de vie simple et austère, bien convaincus que « l'homme vaut plus par ce qu'il est que par ce qu'il a ».[100]

Dans une société ébranlée et désagrégée par des tensions et des conflits en raison du violent affrontement entre les individualismes et les égoïsmes de toute sorte, les enfants doivent acquérir le sens de la justice véritable — qui seule conduit au respect de la dignité personnelle de chacun — et davantage encore le sens de l'amour authentique, qui est fait d'attention sincère et de service désintéressé à l'égard des autres, en particulier des plus pauvres et des plus nécessiteux. La famille est la première école, l'école fondamentale de la vie sociale; comme communauté d'amour, elle trouve dans le don de soi la loi qui la guide et la fait croître. Le don de soi qui anime les époux entre eux se présente comme le modèle et la norme de celui qui doit se réaliser dans les rapports entre frères et sœurs, et entre les diverses générations qui partagent la vie fami-

---

[100] Concile Œcum. Vat. II, const. pastorale sur l'Eglise dans le monde de ce temps *Gaudium et spes, 35.*

liale. La communion et la participation vécues chaque jour au foyer, dans les moments de joie ou de difficulté, représentent la pédagogie la plus concrète et la plus efficace en vue de l'insertion active, responsable et féconde des enfants dans le cadre plus large de la société.

L'éducation de l'amour comme don de soi constitue encore les prémisses indispensables pour les parents appelés à donner à leurs enfants une *éducation sexuelle* claire et délicate. Devant une culture qui « banalise » en grande partie la sexualité humaine, en l'interprétant et en la vivant de façon réductrice et appauvrie, en la reliant uniquement au corps et au plaisir égoïste, le service éducatif des parents visera fermement une culture sexuelle vraiment et pleinement axée sur la personne: la sexualité, en effet, est une richesse de la personne tout entière — corps, sentiments et âme — et manifeste sa signification intime en la portant au don de soi dans l'amour.

L'éducation sexuelle — droit et devoir fondamentaux des parents — doit toujours se réaliser sous leur conduite attentive, tant à la maison que dans les centres d'éducation choisis et contrôlés par eux. L'Eglise rappelle ainsi la loi de subsidiarité, que l'école est tenue d'observer lorsqu'elle coopère à l'éducation sexuelle, en se plaçant dans l'esprit qui anime les parents.

Dans ce contexte, il n'est absolument pas question de renoncer à l'*éducation de la chasteté,* vertu qui développe la maturité authentique de la personne, en la rendant capable de respecter et de promouvoir la « signification nuptiale » du corps. Bien plus, les parents chrétiens réserveront une attention et un soin particuliers à discerner les signes de l'appel de Dieu pour l'éducation de la virginité comme forme suprême du don de soi qui constitue le sens même de la sexualité humaine.

En raison des liens étroits qui relient la dimension sexuelle de la personne aux valeurs éthiques, le rôle de l'éducation est de conduire les enfants à la connaissance et à l'estime des normes morales comme garantie nécessaire et précieuse d'une croissance personnelle responsable dans la sexualité humaine.

C'est pour cela que l'Eglise s'oppose fermement à une certaine forme d'information sexuelle ne tenant aucun compte des principes moraux et si souvent diffusée aujourd'hui, qui ne serait rien d'autre qu'une introduction à l'expérience du plaisir et pousserait le jeune, parfois même à l'âge de l'innocence, à perdre la sérénité, en ouvrant la voie au vice.

La mission éducative et le sacrement de mariage

38.   La mission éducative, enracinée comme on l'a dit dans la participation à l'œuvre créatrice de Dieu, trouve aussi sa source, pour les parents chrétiens, d'une manière nouvelle et spécifique, dans le sacrement de mariage, qui les consacre à l'éducation proprement chrétienne des enfants et

les appelle donc à participer à l'autorité et à l'amour mêmes de Dieu Père et du Christ Pasteur, tout comme à l'amour maternel de l'Eglise. Il les enrichit des dons de sagesse, de conseil, de force et de tous les autres dons du Saint-Esprit afin qu'ils puissent aider leurs enfants dans leur croissance humaine et chrétienne.

Grâce au sacrement de mariage, la mission éducative est élevée à la dignité et à la vocation d'un « ministère » authentique de l'Eglise au service de l'édification de ses membres. Ce ministère éducatif des parents chrétiens est si grand et si beau que saint Thomas n'hésite pas à le comparer au ministère des prêtres: « Certains propagent et entretiennent la vie spirituelle par un ministère uniquement spirituel, et cela revient au sacrement de l'*ordre*; d'autres le font pour la vie à la fois corporelle et spirituelle, et cela se réalise par le sacrement de mariage, dans lequel l'homme et la femme s'unissent pour engendrer les enfants et leur enseigner le culte de Dieu ».[101]

La conscience aiguë et vigilante de la mission conférée par le sacrement de mariage aidera les parents chrétiens à se consacrer au service éducatif des enfants avec une grande sérénité, et en même temps avec le sens de leur responsabilité devant Dieu qui les appelle et leur confie le soin d'édifier l'Eglise dans leurs enfants. Ainsi, la famille des baptisés, assemblée en tant qu'Eglise

---

[101] S. Thomas d'Aquin, *Summa contra Gentiles*, IV, 58.

domestique par la Parole et par le sacrement, devient en même temps, comme l'Eglise dans son ensemble, mère et éducatrice.

La première expérience d'Eglise

39.   La mission d'éducation exige des parents chrétiens qu'ils proposent aux enfants tout ce qui est nécessaire pour la formation progressive de leur personnalité d'un point de vue chrétien et ecclésial. Ils reprendront alors les orientations éducatives rappelées plus haut, en ayant soin d'en montrer aux enfants la profonde signification à laquelle sauront les mener la foi et aussi la charité de Jésus-Christ. En outre, dans leur souci de fortifier dans l'âme des enfants le don de la grâce divine, les parents chrétiens seront soutenus par la conscience que le Seigneur leur confie la croissance d'un fils de Dieu, d'un frère du Christ, d'un temple de l'Esprit Saint, d'un membre de l'Eglise.

Le Concile Vatican II précise ainsi le contenu de l'éducation chrétienne: « Celle-ci ne vise pas seulement à assurer la maturité (...) de la personne humaine, mais principalement à ce que les baptisés, introduits pas à pas dans la connaissance du mystère du salut, deviennent chaque jour plus conscients de ce don de la foi qu'ils ont reçu, apprennent à adorer Dieu le Père en esprit et vérité (cf. *Jn* 4, 23) avant tout dans l'action liturgique, soient transformés de façon à mener leur vie personnelle selon l'homme nouveau dans la justice et la sainteté de la vérité (*Ep* 4, 22-24) et qu'ainsi, constituant cet homme parfait, dans la force de l'âge, qui réalise la plénitude du Christ (cf. *Ep* 4, 13), ils apportent leur contribution à la croissance du Corps mystique. Qu'en outre, conscients de leur vocation, ils prennent l'habitude aussi bien de rendre témoignage à l'espérance qui est en eux (cf. *1 P* 3, 15) que d'aider à la transformation chrétienne du monde ».[102]

Le Synode, pour sa part, reprenant et développant l'enseignement du Concile dans ses grandes lignes, a présenté la mission éducative de la famille chrétienne comme un vrai ministère, grâce auquel l'Evangile est transmis et diffusé, à tel point que la vie familiale dans son ensemble devient chemin de foi et en quelque sorte initiation chrétienne et école de vie à la suite du Christ. Dans la famille consciente d'un tel don, comme l'a écrit Paul VI, « tous les membres évangélisent et sont évangélisés ».[103]

En vertu de ce ministère d'éducation, les parents, à travers le témoignage de vie, sont les premiers hérauts de l'Evangile auprès de leurs enfants. Bien plus, en priant avec eux, en s'adonnant avec eux à la lecture de la Parole de Dieu et en les faisant pénétrer dans l'intimité du Corps du Christ — eucharistique et ecclésial — par l'initiation chrétienne, ils deviennent pleinement

---

[102] Déclaration sur l'éducation chrétienne *Gravissimum educationis*, 2.
[103] Exhortation ap. *Evangelii nuntiandi*, 71: *AAS* 68 (1976), pp. 60-61.

parents, en ce sens qu'ils engendrent non seulement à la vie selon la chair mais aussi à celle qui, à travers la renaissance dans l'Esprit, jaillit de la croix et de la résurrection du Christ.

Afin de permettre aux parents chrétiens d'accomplir comme il convient leur ministère éducatif, les Pères du Synode ont souhaité que soit élaboré un texte adapté de *catéchisme à l'usage de la famille,* clair, bref et accessible à tous. Les Conférences épiscopales ont été chaleureusement invitées à travailler à l'élaboration de ce catéchisme.

Rapports avec les autres instances éducatives

40.   La famille est la première communauté éducatrice, mais non pas la seule ni l'unique: la dimension même de l'homme, communautaire, civile et ecclésiale, exige et suscite une œuvre plus vaste et plus complexe qui est le fruit de la collaboration bien ordonnée des diverses instances éducatives. Toutes ces institutions sont nécessaires, même si chacune peut et doit intervenir selon sa compétence et apporter sa contribution propre.[104]

La tâche éducative de la famille chrétienne occupe donc une place très importante dans la pastorale d'ensemble: cela suppose une nouvelle forme de collaboration entre parents et communautés chrétiennes, entre les divers groupes édu-

---

[104] Cf. Concile Œcum. Vat. II, décl. sur l'éducation chrétienne *Gravissimum educationis,* 3.

catifs et les pasteurs. Et à cet égard, le renouveau de l'école catholique doit porter une attention particulière tant aux parents d'élèves qu'à la formation d'une communauté éducative parfaite.

Le droit des parents au choix d'une éducation conforme à leur foi doit être absolument assuré.

L'Eglise et l'Etat ont le devoir d'apporter aux familles l'assistance nécessaire afin qu'elles puissent exercer comme il convient leurs tâches éducatives. Dans ce but, aussi bien l'Eglise que l'Etat doivent créer et promouvoir les institutions et les activités que les familles attendent à juste titre; l'assistance devra être telle qu'elle supplée aux insuffisances des familles. Et donc, tous ceux qui dans la société sont à la tête des écoles ne doivent jamais oublier que les parents ont été institués par Dieu lui-même premiers et principaux éducateurs de leurs enfants, et que c'est là un droit absolument inaliénable.

Mais, corrélativement à leur droit, les parents ont la grave obligation de faire tout ce qui est en leur pouvoir pour entretenir des relations cordiales et constructives avec les enseignants et les responsables des écoles.

Si dans les écoles on enseigne des idéologies contraires à la foi chrétienne, la famille, conjointement à d'autres familles — si possible par l'intermédiaire d'associations familiales —, doit de toutes ses forces et avec sagesse aider les jeunes à ne pas s'écarter de la foi. Dans de telles conditions, la famille a besoin de recevoir des secours particuliers de la part des pasteurs d'âmes, et ceux-ci ne peuvent oublier que les parents ont le droit inaliénable de confier leurs enfants à la communauté ecclésiale.

Le service multiforme de la vie

41. L'amour conjugal fécond s'exprime dans un service multiforme de la vie dont la procréation et l'éducation sont les signes les plus visibles en même temps que spécifiques et irremplaçables. Mais en réalité tout acte d'amour authentique envers l'homme témoigne de la fécondité spirituelle de la famille et la perfectionne, car il est obéissance au profond dynamisme intérieur de l'amour en tant que don de soi-même aux autres.

Les conjoints qui font l'expérience de la stérilité physique sauront d'une façon spéciale faire leur cette perspective qui est si riche et si exigeante pour tous.

Les familles chrétiennes qui, dans la foi, reconnaissent tous les hommes comme fils du même Père des cieux, auront à cœur d'accueillir généreusement les enfants des autres familles, leur apportant le soutien et l'amour dus aux membres de l'unique famille des enfants de Dieu. Les parents chrétiens pourront ainsi faire rayonner leur amour au-delà des liens de la chair et du sang, pour approfondir les liens qui s'enracinent dans l'esprit et se développent dans l'aide concrète apportée aux enfants d'autres familles qui vont jusqu'à manquer des choses de première nécessité.

Les familles chrétiennes sauront s'ouvrir à une

plus grande disponibilité en faveur de l'adoption et de la prise en charge des enfants privés de leurs parents ou abandonnés par eux. Ces enfants, en retrouvant une chaude atmosphère familiale, peuvent alors faire l'expérience de l'amour attentif et paternel de Dieu à travers le témoignage de parents chrétiens et grandir ainsi dans la sérénité et la confiance dans la vie; la famille tout entière, de son côté, se trouve enrichie des valeurs spirituelles contenues dans une fraternité élargie.

Une « créativité » incessante doit caractériser la fécondité des familles: c'est là le fruit merveilleux de l'Esprit de Dieu qui fait ouvrir tout grands les yeux du cœur afin de découvrir les nécessités et les souffrances nouvelles de notre société, et c'est lui qui donne la force de les assumer et de leur apporter la réponse adéquate. Dans ce cadre se présente aux familles un champ d'action très vaste. En effet, il est de nos jours un phénomène encore plus préoccupant que l'abandon des enfants: c'est celui qui frappe cruellement les personnes âgées, les malades, les personnes handicapées, les toxicomanes, les anciens détenus, etc., en les mettant en marge de la vie sociale et culturelle.

Alors les horizons de la paternité et de la maternité des familles chrétiennes s'élargissent considérablement: la fécondité spirituelle de leur amour est comme défiée par de telles urgences, et bien d'autres encore, de notre temps. Avec les familles et à travers elles, le Seigneur continue d'avoir « pitié » des foules.

La famille, cellule première
et vitale de la société

42. Puisque « le Créateur a fait de la communauté conjugale l'orgine et le fondement de la société humaine », la famille est devenue la « cellule première et vitale de la société ».[105]

La famille a des liens organiques et vitaux avec la société parce qu'elle en constitue le fondement et qu'elle la sustente sans cesse en réalisant son service de la vie: c'est au sein de la famille en effet que naissent les citoyens et dans la famille qu'ils font le premier apprentissage des vertus sociales, qui sont pour la société l'âme de sa vie et de son développement.

Ainsi donc, en raison de sa nature et de sa vocation, la famille, loin de se replier sur elle-même, s'ouvre aux autres familles et à la société, elle remplit son rôle social.

La vie familiale: expérience
de communion et de participation

43. L'expérience même de communion et de participation qui doit caractériser la vie quotidienne de la famille constitue son apport essentiel et fondamental à la société.

---

[105] Concile Œcum. Vat. II, décr. sur l'apostolat des laïcs *Apostolicam actuositatem*, 11.

Les relations entre les membres de la communauté familiale se développent sous l'inspiration et la conduite de la loi de la « gratuité » qui, en respectant et en cultivant en tous et en chacun le sens de la dignité personnelle comme source unique de valeur, se transforme en accueil chaleureux, rencontre et dialogue, disponibilité généreuse, service désintéressé, profonde solidarité.

Ainsi, la promotion d'une authentique communion de personnes responsables dans la famille devient un apprentissage fondamental et irremplaçable de vie sociale, un exemple et un encouragement pour des relations communautaires élargies, caractérisées par le respect, la justice, le sens du dialogue, l'amour.

De cette façon, comme les Pères du Synode l'ont rappelé, la famille constitue le berceau et le moyen le plus efficace pour humaniser et personnaliser la société: c'est elle qui travaille d'une manière originale et profonde à la construction du monde, rendant possible une vie vraiment humaine, particulièrement en conservant et en transmettant les vertus et les « valeurs ». Comme le dit le Concile Vatican II, la famille est le « lieu de rencontre de plusieurs générations qui s'aident mutuellement à acquérir une sagesse plus étendue et à harmoniser les droits des personnes avec les autres exigences de la vie sociale ».[106]

[106] Const. pastorale sur l'Eglise dans le monde de ce temps *Gaudium et spes*, 52.

C'est pourquoi, face à une société qui risque d'être de plus en plus dépersonnalisante et anonyme, et donc inhumaine et déshumanisante, avec les conséquences négatives de tant de formes d'« évasion » — telles que l'alcoolisme, la drogue ou même le terrorisme —, la famille possède et irradie encore aujourd'hui des énergies extraordinaires capables d'arracher l'homme à l'anonymat, de l'éveiller à la conscience de sa dignité personnelle, de le revêtir d'une profonde humanité et de l'introduire activement avec son unicité et sa singularité dans le tissu de la société.

Le rôle social et politique

44.   Le rôle social de la famille ne peut certainement pas se limiter à l'œuvre de la procréation et de l'éducation, même s'il trouve en elles sa forme d'expression première et irremplaçable.

Les familles, isolément ou en associations, peuvent et doivent donc se consacrer à de nombreuses œuvres de service social, spécialement en faveur des pauvres et en tout cas des personnes et des situations que les institutions de prévoyance et d'assistance publiques ne réussissent pas à atteindre.

La contribution sociale de la famille a son originalité qui gagnerait à être mieux connue et qu'il faudrait promouvoir plus franchement, surtout au fur et à mesure que les enfants grandissent, en suscitant le plus possible la participation de tous ses membres.[107]

Il faut à cet égard souligner l'importance toujours plus grande que revêt dans notre société l'hospitalité sous toutes ses formes, en tenant simplement ouverte la porte de sa maison et, mieux encore, de son cœur aux besoins de nos frères, ou en allant jusqu'à s'engager concrètement pour assurer à chaque famille le logement dont elle a besoin comme milieu naturel qui la protège et la fait grandir. Et par-dessus tout la famille chrétienne est appelée à écouter la recommandation de l'Apôtre: « Soyez avides de donner l'hospitalité »,[108] et donc à pratiquer, à la suite du Christ et avec sa charité, l'accueil de nos frères démunis: « Quiconque donnera à boire à l'un de ces petits rien qu'un verre d'eau fraîche, en tant qu'il est un disciple, en vérité, je vous le dis, il ne perdra pas sa récompense ».[109]

Le rôle social de la famille est appelé à s'exprimer aussi sous forme d'*intervention politique*: ce sont les familles qui en premier lieu doivent faire en sorte que les lois et les institutions de l'Etat non seulement s'abstiennent de blesser les droits et les devoirs de la famille, mais encore les soutiennent et les protègent positivement. Il faut à cet égard que les familles aient une conscience toujours plus vive d'être les « protagonistes » de

[107] Cf. Concile Œcum. Vat. II, décr. sur l'apostolat des laïcs *Apostolicam actuositatem*, 11.
[108] *Rm* 12, 13.
[109] *Mt* 10, 42.

ce qu'on appelle « la politique familiale » et qu'elles assument la responsabilité de transformer la société; dans le cas contraire, elles seront les premières victimes des maux qu'elles se sont contentées de constater avec indifférence. L'invitation du Concile Vatican II à dépasser l'éthique individualiste concerne donc aussi la famille en tant que telle.[110]

La société au service de la famille

45.   La relation étroite entre famille et société exige d'une part l'ouverture et la participation de la famille à la société et à son développement, mais d'autre part elle impose à la société de ne jamais manquer à son devoir fondamental de respecter et de promouvoir la famille.

Il est certain que la famille et la société ont des rôles complémentaires dans la défense et la promotion des biens communs à tous les hommes et à tout homme. Mais la société, et plus précisément l'Etat, doivent reconnaître que la famille est une « société jouissant d'un droit propre et primordial » [111] et ils ont donc la grave obligation, en ce qui concerne leurs relations avec la famille, de s'en tenir au principe de subsidiarité.

En vertu de ce principe l'Etat ne peut pas et ne doit pas enlever aux familles les tâches qu'elles

---

[110] Cf. const. pastorale sur l'Eglise dans le monde de ce temps *Gaudium et spes*, 30.
[111] Concile Œcum. Vat. II, décl. sur la liberté religieuse *Dignitatis humanae*, 5.

peuvent fort bien accomplir seules ou en s'associant librement à d'autres familles; mais il doit au contraire favoriser et susciter le plus possible les initiatives responsables des familles. Les autorités publiques, convaincues du fait que le bien de la famille est pour la communauté civile une valeur indispensable à laquelle on ne saurait renoncer, doivent s'employer le plus possible à procurer aux familles toute l'aide — économique, sociale, éducative, politique, culturelle — dont elles ont besoin pour remplir de façon vraiment humaine l'ensemble de leurs obligations.

La charte des droits de la famille

46.   L'action réciproque de soutien et de progrès entre la famille et la société est un idéal souvent contredit, et même gravement, par la réalité des faits où l'on constate leur séparation, voire leur opposition.

En effet — comme l'a continuellement fait remarquer le Synode —, la situation de très nombreuses familles en divers pays est fort problématique, quand elle n'est pas franchement mauvaise: les lois et les institutions méconnaissent, contre toute justice, les droits inviolables de la famille et même de la personne humaine, et la société, loin de se mettre au service de la famille, l'attaque violemment dans ses valeurs et dans ses exigences fondamentales. Ainsi la famille, qui selon le dessein de Dieu est la cellule de base de la société, sujet de droits et de devoirs antérieurs à ceux de l'Etat et de n'importe quelle autre communauté, se trouve être la victime de la société, des lenteurs et des retards de ses interventions et plus encore de ses injustices flagrantes.

C'est pourquoi l'Eglise prend ouvertement et avec vigueur la défense des droits de la famille contre les usurpations intolérables de la société et de l'Etat. Pour leur part, les Pères du Synode ont rappelé entre autres les droits suivants de la famille:

— le droit d'exister et de s'épanouir en tant que famille, c'est-à-dire le droit pour tout homme, et en particulier pour les pauvres, de fonder une famille et de l'entretenir par des moyens appropriés;

— le droit d'exercer sa misssion pour tout ce qui touche à la transmission de la vie, et d'éduquer ses enfants;

— le droit à l'intimité de la vie, aussi bien conjugale que familiale;

— le droit à la stabilité du lien conjugal et de l'institution du mariage;

— le droit de croire et de professer sa foi, et de la répandre;

— le droit d'éduquer ses enfants conformément à ses propres traditions et à ses valeurs religieuses et culturelles, grâce aux instruments, aux moyens et aux institutions nécessaires;

— le droit de jouir de la sécurité physique,

sociale, politique, économique, surtout pour les pauvres et les malades;

— le droit à un logement adapté à une vie familiale décente;

— le droit d'expression et de représentation devant les autorités publiques, économiques, sociales et culturelles, ainsi que devant les organismes qui en dépendent, et cela directement ou au moyen d'associations;

— le droit de créer des associations en lien avec d'autres familles et institutions, afin d'accomplir sa mission comme il convient et avec compétence;

— le droit de protéger les mineurs, par le moyen d'institutions et de lois appropriées, contre les drogues nuisibles, la pornographie, l'alcoolisme, etc.;

— le droit à des loisirs honnêtes qui favorisent en même temps les valeurs familiales;

— le droit des personnes âgées à vivre et à mourir dignement;

— le droit d'émigrer en tant que famille pour rechercher de meilleures conditions de vie.[112]

Le Saint-Siège, accueillant la demande explicite du Synode, prendra soin d'approfondir ces suggestions, en élaborant une « charte des droits de la famille » à proposer aux milieux intéressés et aux Autorités concernées.

[112] Cf. *Proposition* 42.

47.   Le rôle social propre à toute famille est
aussi, à un titre nouveau et particulier, celui de
la famille chrétienne, fondée sur le sacrement de
mariage. En assumant la réalité humaine de
l'amour conjugal dans toutes ses dimensions, le
sacrement rend les époux et les parents chrétiens
capables de vivre leur vocation de laïcs — et
c'est leur responsabilité — et donc de « chercher
le règne de Dieu précisément à travers la gérance
des choses temporelles qu'ils ordonnent selon
Dieu ».[113]

Le rôle social et politique fait partie de la
mission royale, mission de service, à laquelle les
époux chrétiens participent en vertu du sacrement
de mariage, en recevant à la fois un commandement auquel ils ne peuvent se soustraire et
une grâce qui les soutient et les entraîne.

C'est ainsi que la famille chrétienne est appelée à donner devant tous le témoignage d'un
dévouement généreux et désintéressé face aux
problèmes sociaux, en choisissant en priorité les
pauvres et les marginaux. Et c'est pourquoi, en
cheminant à la suite du Seigneur dans un amour
spécial pour tous les pauvres, elle doit avoir
particulièrement à cœur ceux qui ont faim, ceux
qui sont démunis, âgés, ceux qui sont malades,
drogués, sans famille.

---

[113] Concile Œcum. Vat. II, const. dogmatique sur l'Eglise
Lumen gentium, 31.

48.   Face à la dimension mondiale qui de nos jours caractérise les différents problèmes sociaux, la famille voit s'élargir de façon tout à fait nouvelle son rôle en ce qui concerne le développement de la société: il s'agit aussi de coopérer à la réalisation d'un nouvel ordre international, car c'est seulement à travers la solidarité mondiale que l'on peut envisager et résoudre les énormes et dramatiques problèmes de la justice dans le monde, de la liberté des peuples, de la paix de l'humanité.

La communion spirituelle des familles chrétiennes, enracinées dans la foi et l'espérance communes et vivifiées par la charité, constitue une énergie intérieure d'où jaillissent, se répandent et croissent justice, réconciliation, fraternité et paix entre les hommes. En tant que « petite » Eglise, la famille chrétienne est appelée, à l'image de la « grande » Eglise, à être un signe d'unité pour le monde et à exercer dans ce sens son rôle prophétique, en témoignant du Royaume et de la paix du Christ, vers lesquels le monde entier est en marche.

Cela, les familles chrétiennes pourront le réaliser à travers leur service éducatif, c'est-à-dire en offrant aux enfants un modèle de vie fondé sur les valeurs de vérité, de liberté, de justice et d'amour, comme aussi en s'engageant de façon active et responsable pour une croissance vraiment humaine de la société et de ses institutions, ou encore en soutenant de diverses manières les associations qui se consacrent essentiellement aux problèmes de l'ordre international.

IV – LA PARTICIPATION
A LA VIE ET A LA MISSION DE L'EGLISE

La famille dans le mystère de l'Eglise

49.   Parmi les tâches fondamentales de la famille chrétienne prend place celle que l'on peut dire ecclésiale, celle qui met la famille au service de l'édification du Royaume de Dieu dans l'histoire, moyennant la participation à la vie et à la mission de l'Eglise.

Pour mieux comprendre ce qui fonde, ce que comprend et ce qui caractérise une telle participation, il faut étudier les liens multiples et profonds qui relient entre elles l'Eglise et la famille chrétienne et qui font de cette dernière comme « une Eglise en miniature » (*Ecclesia domestica*),[114] de telle sorte qu'elle soit, à sa façon, une image vivante et une représentation historique du mystère même de l'Eglise.

C'est avant tout l'Eglise Mère qui engendre, éduque, édifie la famille chrétienne, en mettant en œuvre à son égard la mission de salut qu'elle

[114] Cf. Concile Œcum. Vat. II, const. dogmatique sur l'Eglise *Lumen gentium,* 11; décr. sur l'apostolat des laïcs *Apostolicam actuositatem,* 11; Jean-Paul II, homélie à la messe d'ouverture du VIe Synode des Evêques, 26 septembre 1980, n. 3: *AAS* 72 (1980), p. 1008.

a reçue de son Seigneur. En annonçant la Parole de Dieu, l'Eglise révèle à la famille chrétienne sa véritable identité, autrement dit ce qu'elle est et ce qu'elle doit être selon le dessein du Seigneur. En célébrant les sacrements, l'Eglise enrichit et fortifie la famille chrétienne avec la grâce du Christ, en vue de sa sanctification pour la gloire du Père. En renouvelant la proclamation du commandement nouveau de la charité, l'Eglise anime et guide la famille chrétienne au service de l'amour, pour lui permettre d'imiter et de revivre l'amour même de donation et de sacrifice que le Seigneur Jésus nourrit pour l'humanité entière.

A son tour, la famille chrétienne est insérée dans le mystère de l'Eglise au point de participer, à sa façon, à la mission de salut qui lui est propre: les époux et les parents chrétiens, en vertu du sacrement, « ont ainsi, en leur état de vie et dans leur ordre, un don qui leur est propre au sein du peuple de Dieu ».[115] Par conséquent, non seulement ils « reçoivent » l'amour du Christ en devenant une communauté « sauvée », mais ils sont également appelés à « transmettre » à leurs frères le même amour du Christ, en devenant ainsi une communauté « qui sauve ». De la sorte, tout en étant fruit et signe de la fécondité surnaturelle de l'Eglise, la famille chrétienne devient symbole, témoignage, participation de la maternité de l'Eglise.[116]

[115] Concile Œcum. Vat. II, const. dogmatique sur l'Eglise *Lumen gentium*, 11.
[116] Cf. *ibid.*, 41.

50.   La famille chrétienne est appelée à prendre une part active et responsable à la mission de l'Eglise d'une façon propre et originale, en se mettant elle-même au service de l'Eglise et de la société dans son être et dans son agir, en tant que *communauté intime de vie et d'amour.*

Si la famille chrétienne est une communauté dont les liens sont renouvelés par le Christ à travers la foi et les sacrements, sa participation à la mission de l'Eglise doit se réaliser *d'une façon communautaire;* c'est donc ensemble que les époux *en tant que couple,* les parents et les enfants *en tant que famille,* doivent vivre leur service de l'Eglise et du monde. Ils doivent être, dans la foi, « un seul cœur et une seule âme »,[117] aussi bien dans l'esprit apostolique commun qui les anime qu'à travers la collaboration qui les engage au service de la communauté ecclésiale et de la communauté civile.

La famille chrétienne, par ailleurs, édifie le Royaume de Dieu dans l'histoire à travers les réalités quotidiennes qui concernent et qui caractérisent sa *condition de vie*: c'est dès lors dans l'*amour conjugal et familial* — vécu dans sa richesse extraordinaire de valeurs et avec ses exigences de totalité, d'unicité, de fidélité et de fécondité [118] — que s'exprime et se réalise la par-

---

[117] *Ac* 4, 32.
[118] Cf. Paul VI, encyclique *Humanae vitae*, 9: *AAS* 60 (1968), pp. 486-487.

ticipation de la famille chrétienne à la mission prophétique, sacerdotale et royale de Jésus-Christ et de son Eglise. L'amour et la vie constituent donc le point central de la mission salvifique de la famille chrétienne dans l'Eglise et pour l'Eglise.

Le Concile Vatican II le rappelle lorsqu'il écrit: « Les familles se communiqueront aussi avec générosité leurs richesses spirituelles. Alors, la famille chrétienne, parce qu'elle est issue d'un mariage, image et participation de l'alliance d'amour qui unit le Christ et l'Eglise, manifestera à tous les hommes la présence vivante du Sauveur dans le monde et la véritable nature de l'Eglise, tant par l'amour des époux, leur fécondité généreuse, l'unité et la fidélité du foyer, que par la coopération amicale de tous ses membres ».[119]

Ayant ainsi précisé *ce qui fonde* la participation de la famille chrétienne à la mission ecclésiale, il importe maintenant de mettre en lumière *ce qu'elle comprend selon une référence triple, mais à vrai dire unique, à Jésus-Christ, Prophète, Prêtre et Roi,* en présentant la famille chrétienne comme

     1) communauté qui croit et qui évangélise;

     2) communauté en dialogue avec Dieu;

     3) communauté au service de l'homme.

[119] Const. pastorale sur l'Eglise dans le monde de ce temps *Gaudium et spes,* 48.

1) *La famille chrétienne,*
communauté qui croit et qui évangélise

La foi, découverte et admiration
du dessein de Dieu sur la famille

51. Du fait que *la famille chrétienne* participe à la vie et à la mission de l'Eglise qui se tient dans une religieuse écoute de la Parole de Dieu et la proclame avec une ferme confiance,[120] *elle vit son rôle prophétique en accueillant et en annonçant la Parole de Dieu*; elle devient ainsi, chaque jour davantage, une communauté qui croit et qui évangélise.

L'obéissance de la foi est demandée également aux époux et aux parents chrétiens: [121] ils sont appelés à accueillir la Parole du Seigneur qui leur révèle la merveilleuse nouveauté — autrement dit la « bonne nouvelle » — de leur vie conjugale et familiale rendue par le Christ sainte et sanctifiante. En effet, c'est seulement dans la foi qu'ils peuvent découvrir et admirer dans une gratitude joyeuse la dignité à laquelle Dieu a voulu élever le mariage et la famille en en faisant le signe et le lieu de l'alliance d'amour entre Dieu et les hommes, entre Jésus-Christ et l'Eglise son Epouse.

Déjà, la préparation au mariage chrétien est qualifiée d'itinéraire de foi; elle se situe en effet

---

[120] Cf. Concile Œcum. Vat. II, const. dogmatique sur la Révélation divine *Dei Verbum,* 1.
[121] Cf. *Rm* 16, 26.

comme une occasion privilégiée permettant aux fiancés de redécouvrir et d'approfondir la foi reçue au baptême et nourrie par l'éducation chrétienne. De cette façon, ils reconnaissent et ils accueillent librement la vocation à vivre à la suite du Christ et au service du Royaume de Dieu dans l'état même du mariage.

Le moment fondamental de l'expression de la foi des époux en tant que tels est celui de la célébration du sacrement de mariage qui, par sa nature profonde, est la proclamation, dans l'Eglise, de la Bonne Nouvelle sur l'amour conjugal: il est Parole de Dieu qui « révèle » et « accomplit » le projet plein de sagesse et d'amour que Dieu a sur les époux, introduits dans la participation mystérieuse et réelle à l'amour même de Dieu pour l'humanité. Si la célébration sacramentelle du mariage est en elle-même proclamation de la Parole de Dieu, tous ceux qui sont, à des titres divers, protagonistes et célébrants doivent en faire une « profession de foi », accomplie au sein de l'Eglise et avec l'Eglise, communauté de croyants.

Cette profession de foi demande à être prolongée tout au long de la vie des époux et de la famille. Dieu, en effet, qui a appelé les époux « au » mariage continue à les appeler « dans » le mariage.[122] Dans et à travers les faits, les problèmes, les difficultés, les événements de l'existence de tous les jours, Dieu vient à eux en leur

---

[122] Cf. Paul VI, encyclique *Humanae vitae*, 25: *AAS* 60 (1968), p. 498.

révélant et en leur proposant les « exigences » concrètes de leur participation à l'amour du Christ pour l'Eglise, en rapport avec la situation particulière — familiale, sociale et ecclésiale — dans laquelle ils se trouvent.

La découverte du dessein de Dieu et l'obéissance à ce dessein doivent se réaliser simultanément dans la communauté conjugale et familiale, à travers l'expérience humaine de l'amour vécu dans l'Esprit du Christ entre les époux comme entre les parents et les enfants.

Pour cela, comme la grande Eglise, la petite Eglise domestique a besoin d'être continuellement et intensément évangélisée: d'où le devoir d'éducation permanente dans la foi.

Le ministère d'évangélisation de la famille chrétienne

52.   Dans la mesure où la famille chrétienne accueille l'Evangile et mûrit dans la foi, elle devient une communauté qui évangélise. Ecoutons à nouveau Paul VI: « ... la famille, comme l'Eglise, se doit d'être un espace où l'Evangile est transmis et d'où l'Evangile rayonne. Au sein donc d'une famille consciente de cette mission, tous les membres de la famille évangélisent et sont évangélisés. Les parents non seulement communiquent aux enfants l'Evangile mais peuvent recevoir d'eux ce même Evangile profondément vécu. Et une telle famille se fait évangélisatrice de beau-

coup d'autres familles et du milieu dans lequel elle s'insère ».[123]

Comme l'a répété le Synode en reprenant mon appel de Puebla, l'avenir de l'évangélisation dépend en grande partie de l'Eglise domestique.[124] Cette mission apostolique de la famille est enracinée dans le baptême et reçoit de la grâce sacramentelle du mariage une nouvelle impulsion pour transmettre la foi, pour sanctifier et transformer la société actuelle selon le dessein de Dieu.

La famille chrétienne, surtout aujourd'hui, est spécialement appelée à témoigner de l'alliance pascale du Christ, grâce au rayonnement constant de la joie de l'amour et de la certitude de l'espérance, dont elle doit rendre compte: « La famille chrétienne proclame hautement à la fois les vertus actuelles du Royaume de Dieu et l'espoir de la vie bienheureuse ».[125]

La nécessité absolue de la catéchèse familiale émerge avec une force singulière dans des situations déterminées, que l'Eglise enregistre malheureusement en divers endroits: « Là où une législation antireligieuse prétend même empêcher l'éducation de la foi, là où une incroyance diffuse ou bien un sécularisme envahissant rendent pratiquement impossible une véritable croissance

---

[123] Exhortation ap. *Evangelii nuntiandi,* 71: *AAS* 68 (1976), pp. 60-61.
[124] Cf. discours à la IIIe Assemblée générale des Evêques de l'Amérique latine, 28 janvier 1979, IV, a: *AAS* 71 (1979), p. 204.
[125] Concile Œcum. Vat. II, const. dogmatique sur l'Eglise *Lumen gentium,* 35.

religieuse, cette sorte d'Eglise qu'est le foyer reste l'unique milieu où enfants et jeunes peuvent recevoir une authentique catéchèse ».[126]

Un service ecclésial

53.   Le ministère d'évangélisation qui revient aux parents chrétiens est original et irremplaçable. Il revêt les caractères distinctifs de la vie familiale, tissée, comme elle devrait l'être, d'amour, de simplicité, d'engagement concret et de témoignages quotidiens.[127]

La famille doit former les enfants à la vie pour permettre à chacun d'accomplir en plénitude son devoir selon la vocation qu'il a reçue de Dieu. En effet, la famille ouverte aux valeurs transcendantes, au service joyeux du prochain, à l'accomplissement généreux et fidèle de ses obligations et toujours consciente de sa participation au mystère de la croix glorieuse du Christ, devient le premier et le meilleur séminaire de la vocation à une vie consacrée au Royaume de Dieu.

Le ministère d'évangélisation et de catéchèse qui incombe aux parents doit accompagner la vie des enfants, y compris pendant leur adolescence et leur jeunesse, lorsque ceux-ci, comme cela se produit souvent, contestent ou rejettent carrément la foi chrétienne reçue dans les premières années

---

[126] Jean-Paul II, exhortation ap. *Catechesi tradendae*, 68: *AAS* 71 (1979), p. 1334.
[127] Cf. *ibid.*, 36: *l. c.*, p. 1308.

de leur vie. De même que, dans l'Eglise, le travail de l'évangélisation ne s'effectue jamais sans souffrance pour l'apôtre, de même, dans la famille chrétienne, les parents doivent affronter avec courage et grande sérénité d'âme les difficultés que leur ministère d'évangélisation rencontre parfois auprès de leurs propres enfants.

On ne devra pas oublier que le service accompli par les époux et par les parents chrétiens en faveur de l'Evangile est essentiellement un service ecclésial, ou mieux rentre dans le cadre de l'Eglise entière comme communauté évangélisée et évangélisante. En tant qu'il est enraciné dans l'unique mission de l'Eglise et qu'il en dérive, et en tant qu'ordonné à l'édification de l'unique Corps du Christ,[128] le ministère d'évangélisation et de catéchèse de l'Eglise domestique doit demeurer en union étroite et s'harmoniser consciemment avec tous les autres services d'évangélisation et de catéchèse existant et agissant dans la communauté ecclésiale, soit diocésaine, soit paroissiale.

Prêcher l'Evangile à toute créature

54.   L'universalité sans frontières est l'horizon spécifique de l'évangélisation animée intérieurement par l'élan missionnaire. Elle est, en effet, la réponse à la consigne explicite et non équivoque

[128] Cf. *1 Co* 12, 4-6; *Ep* 4, 12-13.

du Christ: « Allez dans le monde entier, proclamez la Bonne Nouvelle à toute la création ».[129]

La foi et la mission évangélisatrice de la famille chrétienne possèdent, elles aussi, ce souffle missionnaire catholique. Le sacrement de mariage, qui reprend et propose à nouveau le devoir, déjà enraciné dans le baptême et dans la confirmation, de défendre et de diffuser la foi,[130] établit les époux et les parents chrétiens comme témoins du Christ « jusqu'aux confins de la terre »,[131] comme véritables « missionnaires » de l'amour et de la vie.

Une certaine forme d'activité missionnaire peut être accomplie déjà à l'intérieur de la famille. Cela se vérifie lorsque quelque membre de celle-ci n'a pas la foi ou n'est pas cohérent avec elle dans sa pratique. Les autres membres de la famille doivent alors lui donner un témoignage vécu de leur foi, apte à le stimuler et à le soutenir dans son cheminement vers la pleine adhésion au Christ Sauveur.[132]

Animée par l'esprit missionnaire déjà au-dedans d'elle-même, l'Eglise domestique est appelée à être un signe lumineux de la présence du Christ et de son amour également pour « ceux qui sont loin », pour les familles qui ne croient pas encore et même pour les familles chrétiennes qui ne vivent plus en cohérence avec la foi reçue. L'Eglise do-

---

[129] *Mc* 16, 15.
[130] Cf. Concile Œcum. Vat. II, const. dogmatique sur l'Eglise *Lumen gentium,* 11.
[131] *Ac* 1, 8.
[132] Cf. *1 P* 3, 1-2.

mestique est appelée « par son exemple et par son témoignage » à éclairer « ceux qui cherchent la vérité ».[133]

De même qu'à l'aube du christianisme Aquila et Priscille se présentaient comme un couple missionnaire,[134] ainsi aujourd'hui l'Eglise témoigne d'une continuelle nouveauté et d'une incessante floraison, grâce à la présence d'époux et de familles chrétiennes qui, au moins pendant un certain temps, vont dans les terres de mission pour annoncer l'Evangile en servant l'homme avec l'amour de Jésus-Christ.

Les familles chrétiennes apportent une contribution particulière à la cause missionnaire de l'Eglise en cultivant les vocations missionnaires parmi leurs fils et leurs filles [135] et, plus généralement, par un travail d'éducation qui « prépare leurs enfants dès leur jeune âge à découvrir l'amour de Dieu envers tous les hommes ».[136]

---

[133] Cf. Concile Œcum. Vat. II, const. dogmatique sur l'Eglise *Lumen gentium*, 35; décr. sur l'apostolat des laïcs *Apostolicam actuositatem*, 11.

[134] Cf. *Ac* 18; *Rm* 16, 3-4.

[135] Cf. Concile Œcum. Vat. II, décr. sur l'activité missionnaire de l'Eglise *Ad gentes*, 39.

[136] Concile Œcum. Vat. II, décr. sur l'apostolat des laïcs *Apostolicam actuositatem*, 30.

2) *La famille chrétienne,*
communauté en dialogue avec Dieu

Le sanctuaire domestique de l'Eglise

55.   L'annonce de l'Evangile et son accueil dans la foi atteignent leur plénitude dans la célébration sacramentelle. L'Eglise, communauté qui croit et qui évangélise, est aussi un peuple sacerdotal, c'est-à-dire revêtu de la dignité du Christ Souverain Prêtre de l'Alliance nouvelle et éternelle et participant à son pouvoir.[137]

La famille chrétienne est, elle aussi, insérée dans l'Eglise, peuple sacerdotal. Par le sacrement de mariage, dans lequel elle est enracinée et d'où elle tire sa subsistance, elle est continuellement vivifiée par le Seigneur Jésus, appelée et engagée par Lui à dialoguer avec Dieu par les moyens de la vie sacramentelle, de l'offrande de son existence et de la prière.

Tel est le *rôle sacerdotal* que la famille chrétienne peut et doit accomplir en union étroite avec toute l'Eglise, à travers les réalités quotidiennes de la vie conjugale et familiale; de cette manière la famille chrétienne est *appelée à se sanctifier et à sanctifier la communauté ecclésiale et le monde.*

---

[137] Cf. Concile Œcum. Vat. II, const. dogmatique sur l'Eglise *Lumen gentium,* 10.

Le mariage,
sacrement de sanctification mutuelle
et acte de culte

56.   Le sacrement de mariage, qui reprend et spécifie la grâce sanctificatrice du baptême, est bien une source spéciale et un moyen original de sanctification pour les époux et pour la famille chrétienne. En vertu du mystère de la mort et de la résurrection du Christ, à l'intérieur duquel le mariage chrétien fait entrer à nouveau, l'amour conjugal est purifié et sanctifié: « Cet amour, par un don spécial de sa grâce et de sa charité, le Seigneur a daigné le guérir, le parfaire et l'élever ».[138]

Le don de Jésus-Christ n'est pas épuisé dans la célébration du sacrement de mariage, mais il accompagne les époux tout au long de leur existence. Le Concile Vatican II le rappelle explicitement lorsqu'il dit que Jésus-Christ « continue de demeurer (avec les époux), afin que, par leur don mutuel, (ils) puissent s'aimer dans une fidélité perpétuelle, comme lui-même a aimé l'Eglise et s'est livré pour elle. ... C'est pourquoi les époux chrétiens, pour accomplir dignement les devoirs de leur état, sont fortifiés et comme consacrés par un sacrement spécial; en accomplissant leur mission conjugale et familiale avec la force de ce sacrement, pénétrés de l'Esprit du Christ qui imprègne toute leur vie de foi, d'espérance et de

---

[138] Concile Œcum. Vat. II, const. pastorale sur l'Eglise dans le monde de ce temps *Gaudium et spes,* 49.

charité, ils parviennent de plus en plus à leur perfection personnelle et à leur sanctification mutuelle; c'est ainsi qu'ensemble ils contribuent à la glorification de Dieu ».[139]

La vocation universelle à la sainteté s'adresse aussi aux époux et aux parents chrétiens: pour eux, elle est spécifiée par la célébration du sacrement et traduite concrètement dans la réalité propre de l'existence conjugale et familiale.[140] C'est là que prennent naissance la grâce et l'exigence d'une authentique et profonde *spiritualité conjugale et familiale,* qui s'inspire des thèmes de la création, de l'alliance, de la croix, de la résurrection et du signe sacramentel, thèmes sur lesquels le Synode est revenu à maintes reprises.

Le mariage chrétien, comme tous les sacrements « qui ont pour fin de sanctifier les hommes, d'édifier le Corps du Christ, enfin de rendre le culte à Dieu »,[141] est en lui-même un acte liturgique de glorification de Dieu dans le Christ Jésus et dans l'Eglise. En le célébrant, les époux chrétiens proclament leur reconnaissance envers Dieu pour le don sublime qui leur a été accordé de pouvoir revivre dans leur existence conjugale et familiale l'amour même de Dieu pour les hommes et du Seigneur Jésus pour l'Eglise, son Epouse.

[139] Concile Œcum. Vat. II, const. pastorale sur l'Eglise dans le monde de ce temps *Gaudium et spes,* 48.
[140] Cf. Concile Œcum. Vat. II, const. dogmatique sur l'Eglise *Lumen gentium,* 41.
[141] Concile Œcum. Vat. II, const. sur la sainte liturgie *Sacrosanctum Concilium,* 59.

Et de même que le don et l'obligation de vivre chaque jour la sainteté reçue découlent pour les époux du sacrement de mariage, de même la grâce et l'obligation morale de transformer toute leur vie en un continuel sacrifice spirituel [142] découlent de ce même sacrement. C'est également aux époux et aux parents chrétiens, en particulier dans le domaine des réalités terrestres et temporelles qui caractérisent leur existence, que s'appliquent les paroles du Concile: « C'est ainsi que les laïcs consacrent à Dieu le monde lui-même, rendant partout à Dieu dans la sainteté de leur vie un culte d'adoration ».[143]

Mariage et Eucharistie

57. Le devoir de sanctification qui incombe à la famille chrétienne a sa racine première dans le baptême et sa plus grande expression dans l'Eucharistie à laquelle le mariage chrétien est intimement lié. Le Concile Vatican II a voulu rappeler la relation spéciale qui existe entre l'Eucharistie et le mariage en demandant que « le mariage soit célébré ordinairement au cours de la messe »: [144] il est absolument nécessaire de découvrir et d'approfondir cette relation, si on veut comprendre et vivre intensément les grâces et

---

[142] Cf. *1 P* 2, 5; Concile Œcum. Vat. II, const. dogmatique sur l'Eglise *Lumen gentium*, 34.

[143] Concile Œcum. Vat. II, const. dogmatique sur l'Eglise *Lumen gentium*, 34.

[144] Const. sur la sainte liturgie *Sacrosanctum Concilium*, 78.

les responsabilités du mariage et de la famille chrétienne.

L'Eucharistie est la source même du mariage chrétien. Le sacrifice eucharistique, en effet, représente l'alliance d'amour entre le Christ et l'Eglise, en tant qu'elle a été scellée par le sang de sa croix.[145] C'est dans ce sacrifice de la nouvelle et éternelle Alliance que les époux chrétiens trouvent la source jaillissante qui modèle intérieurement et vivifie constamment leur alliance conjugale. En tant que représentation du sacrifice d'amour du Christ pour l'Eglise, l'Eucharistie est source de charité. Et dans le don eucharistique de la charité, la famille chrétienne trouve le fondement et l'âme de sa « communion » et de sa « mission »: le Pain eucharistique fait des différents membres de la communauté familiale un seul corps, une manifestation et une participation à la vaste unité de l'Eglise; d'autre part, la participation au Corps « livré » et au Sang « versé » du Christ devient pour la famille chrétienne une source inépuisable de dynamisme missionnaire et apostolique.

Le sacrement de la conversion et de la réconciliation

58.   L'accueil de l'appel évangélique à la conversion adressé à tous les chrétiens, parfois infidèles à la « nouveauté » du baptême qui les

---

[145] Cf. *Jn* 19, 34.

a constitués « saints », est un élément essentiel et permanent du devoir de sanctification incombant à la famille chrétienne. La famille chrétienne elle-même n'est pas toujours cohérente avec la loi de la grâce et de la sainteté baptismale, proclamée de nouveau par le sacrement de mariage.

Le repentir et le pardon mutuel au sein de la famille chrétienne, si importants dans la vie quotidienne, trouvent leur moment sacramentel spécifique dans la pénitence chrétienne. Au sujet des époux, Paul VI écrivait dans l'encyclique *Humanae vitae*: « Si le péché avait encore prise sur eux, qu'ils ne se découragent pas, mais qu'ils recourent avec une humble persévérance à la miséricorde de Dieu, qui est accordée en abondance dans le sacrement de pénitence ».[146]

La célébration de ce sacrement acquiert une signification particulière au plan de la vie familiale: déjà, dans la foi, les époux et tous les membres de la famille découvrent que le péché contredit l'alliance avec Dieu et aussi l'alliance entre époux et la communion de la famille; ils sont conduits maintenant à la rencontre de Dieu « riche en miséricorde »,[147] lequel, en accordant son amour plus puissant que le péché,[148] reconstruit et perfectionne l'alliance conjugale et la communion familiale.

---

[146] N. 25: *AAS* 60 (1968), p. 499.
[147] *Ep* 2, 4.
[148] Cf. Jean-Paul II, encyclique *Dives in misericordia*, 13: *AAS* 72 (1980), pp. 1218-1219.

59.   L'Eglise prie pour la famille chrétienne
et l'éduque à vivre en généreuse cohérence avec
le don et le rôle sacerdotaux, reçus du Christ,
Souverain Prêtre. En réalité, le sacerdoce baptis-
mal des fidèles, vécu dans le mariage-sacrement,
constitue pour les époux et pour la famille le fondement d'une vocation et d'une mission sacerdo-
tales par lesquelles leur existence quotidienne se
transforme en un « sacrifice spirituel agréable à
Dieu par l'intermédiaire de Jésus-Christ »: [149] c'est
ce qui se produit, non seulement par la célébration de l'Eucharistie et des autres sacrements et
par l'offrande d'eux-mêmes à la gloire de Dieu,
mais aussi par la vie de prière, qui est dialogue
priant avec le Père par Jésus-Christ dans l'Esprit Saint.

La prière familiale a ses caractéristiques. Elle
est une prière *faite en commun*: mari et femme
ensemble, parents et enfants ensemble. La communion dans la prière est à la fois un fruit et une
exigence de cette communion qui est donnée par
les sacrements de baptême et de mariage. Aux
membres de la famille chrétienne peuvent s'appliquer de manière spéciale les paroles par lesquelles Jésus promet sa présence: « Je vous le dis
en vérité, si deux d'entre vous, sur la terre, unissent leurs voix pour demander quoi que ce soit,
cela leur sera accordé par mon Père qui est aux

---

[149] Cf. *1 P 2, 5.*

cieux. Que deux ou trois, en effet, soient réunis en mon nom, je suis là au milieu d'eux »,[150]

La prière familiale a comme contenu original *la vie même de la famille* qui, à travers ses divers épisodes, est interprétée comme une vocation venant de Dieu et réalisée comme une réponse filiale à son appel: joies et peines, espoirs et tristesses, naissances et anniversaires, commémoration du mariage des parents, départs, absences et retours, choix importants et décisifs, la mort des êtres chers, etc., sont des signes de la présence aimante de Dieu dans l'histoire de la famille, et ces événements doivent aussi devenir un moment favorable d'action de grâces, de supplication et d'abandon confiant de la famille entre les mains du Père commun qui est aux cieux. D'autre part, la dignité et la responsabilité de la famille chrétienne comme Eglise domestique ne peuvent être vécues qu'avec l'aide continuelle de Dieu, qui lui sera immanquablement accordée si elle est implorée dans la prière avec confiance et humilité.

Educateurs de la prière

60.   Sur la base de leur dignité et de leur mission, les parents chrétiens ont le devoir spécifique d'éduquer leurs enfants à la prière, de les introduire à la découverte progressive du mystère de Dieu et à l'entretien personnel avec lui: « C'est

---

[150] *Mt* 18, 19-20.

surtout dans la famille chrétienne, riche des grâces et des exigences du sacrement de mariage, que dès leur plus jeune âge les enfants doivent, conformément à la foi reçue au baptême, apprendre à découvrir Dieu et à l'honorer ainsi qu'à aimer le prochain ».[151]

L'exemple concret, autrement dit le témoignage vivant des parents, est un élément fondamental et irremplaçable de l'éducation à la prière: c'est seulement en priant avec leurs enfants que le père et la mère, tandis qu'ils accomplissent leur sacerdoce royal, pénètrent profondément le cœur de leurs enfants, en y laissant des traces que les événements de la vie ne réussiront pas à effacer. Ecoutons de nouveau l'appel que le Pape Paul VI a adressé aux parents: « Mamans, apprenez-vous à vos petits les prières du chrétien? Les préparez-vous, en collaboration avec les prêtres, aux sacrements du premier âge: la confession, la communion, la confirmation? Les habituez-vous, s'ils sont malades, à penser aux souffrances du Christ, à invoquer l'aide de la Sainte Vierge et des saints? Récitez-vous avec eux le Rosaire en famille? Et vous, les pères, savez-vous prier avec vos enfants, avec toute la communauté familiale, au moins quelquefois? Votre exemple, accompagné de la droiture de votre pensée et de vos actes, appuyé par quelques prières communes, vaut bien une

---

[151] Concile Œcum. Vat. II, décl. sur l'éducation chrétienne *Gravissimum educationis*, 3; cf. Jean-Paul II, exhortation ap. *Catechesi tradendae*, 36: *AAS* 71 (1979), p. 1308.

leçon de vie. C'est un acte de culte particulièrement méritoire. Vous apportez ainsi la paix entre les murs de votre foyer: *"Pax huic domui"*. Ne l'oubliez pas, c'est ainsi que vous construisez l'Eglise ».[152]

Prière liturgique et privée

61.   Entre la prière de l'Eglise et celle de chacun des fidèles, il y a un rapport profond et vital, comme l'a clairement réaffirmé le Concile Vatican II.[153] Or, un but important de la prière de l'Eglise domestique est de constituer, pour les enfants, une introduction naturelle à la prière liturgique de l'Eglise entière, aussi bien dans le sens d'une préparation à la prière liturgique que dans le sens d'une extension de celle-ci au domaine de la vie personnelle, familiale et sociale. D'où la nécessité d'une participation progressive de tous les membres de la famille chrétienne à l'Eucharistie, surtout le dimanche et les jours de fête, et aux autres sacrements, en particulier ceux de l'initiation chrétienne des enfants. Les directives conciliaires ont ouvert une nouvelle possibilité à la famille chrétienne, qui a été comptée parmi les groupes auxquels la récitation en commun de l'Office divin a été recommandée.[154] La famille chrétienne aura également soin de célébrer, même à la maison et de manière adaptée

---

[152] Discours à l'audience générale du 11 août 1976: *Insegnamenti di Paolo VI*, XIV (1976), 640.

[153] Cf. const. sur la sainte liturgie *Sacrosanctum Concilium*, 12.

[154] Cf. *Institutio Generalis de Liturgia Horarum*, 27.

aux membres présents, les périodes et les fêtes liturgiques.

Pour préparer et prolonger à la maison le culte célébré à l'église, la famille chrétienne recourt à la prière privée, qui présente une grande variété de formes: cette variété, tout en témoignant de l'extraordinaire richesse de la prière chrétienne animée par l'Esprit Saint, répond aux diverses exigences et situations concrètes de celui qui se tourne vers le Seigneur. Outre les prières du matin et du soir, sont à conseiller expressément, conformément d'ailleurs aux indications des Pères du Synode, la lecture et la méditation de la Parole de Dieu, la préparation aux sacrements, la dévotion et la consécration au Cœur de Jésus, les différentes formes de piété envers la Vierge Marie, la bénédiction de la table, les pratiques de dévotion populaire.

Dans le respect de la liberté des fils de Dieu, l'Eglise a proposé et continue de proposer aux fidèles quelques pratiques de piété avec une insistance particulière. Parmi celles-ci, il faut rappeler la récitation du chapelet: « Nous voudrions maintenant, en continuité avec les intentions de nos prédécesseurs, recommander vivement la récitation du Rosaire en famille... Il n'y a pas de doute que le chapelet de la Vierge Marie doit être considéré comme une des plus excellentes et des plus efficaces "prières en commun" que la famille chrétienne est invitée à réciter. Nous aimons penser, en effet, et nous espérons vivement que si la rencontre familiale devient un temps de prière, le Rosaire en est une expression fréquente et appréciée ».[155] Ainsi, la vraie dévotion mariale, qui s'exprime dans des relations sincères avec la Vierge et dans l'imitation de ses attitudes spirituelles, constitue un instrument privilégié pour alimenter la communion d'amour de la famille et pour développer la spiritualité conjugale et familiale. La Mère du Christ et de l'Eglise est aussi, et de manière spéciale, la Mère des familles chrétiennes, des Eglises domestiques.

Prière et vie

62.   On ne devra jamais oublier que la prière est une partie constitutive essentielle de la vie chrétienne; cultivée dans sa totalité et comme une réalité centrale, elle appartient même à notre « humanité »: elle est « l'expression première de la vérité intérieure de l'homme, la condition première de l'authentique liberté de l'esprit ».[156]

C'est pourquoi la prière ne représente pas du tout une évasion des tâches quotidiennes, mais elle constitue l'impulsion qui porte plus fortement la famille chrétienne à assumer ses responsabilités de cellule première et fondamentale de la société humaine et à s'en acquitter pleinement. En ce sens, la participation effective à la

---

[155] Paul VI, exhortation ap. *Marialis cultus,* 52.54: *AAS* 66 (1974), pp. 160-161.
[156] Jean-Paul II, discours au sanctuaire de la Mentorella, 29 octobre 1978: *Insegnamenti di Giovanni Paolo II,* I (1978), 78-79.

vie et à la mission de l'Eglise dans le monde est proportionnelle à la fidélité et à l'intensité de la prière par laquelle la famille chrétienne s'unit à la Vigne féconde qu'est le Christ Seigneur.[157]

La fécondité de la famille chrétienne au plan de son service spécifique de promotion humaine, qui de soi ne peut pas ne pas contribuer à la transformation du monde, découle aussi de l'union vitale avec le Christ, alimentée par la liturgie, par l'offrande de soi-même et par la prière.[158]

3) *La famille chrétienne, communauté au service de l'homme*

Le commandement nouveau de l'amour

63.   L'Eglise, peuple prophétique, sacerdotal et royal, a la mission d'orienter tous les hommes vers l'accueil, dans la foi, de la Parole de Dieu, vers la célébration et la proclamation de celle-ci dans les sacrements et dans la prière, et enfin vers sa manifestation à travers les réalités concrètes de la vie conformément au don et au commandement nouveau de l'amour.

La vie chrétienne trouve sa loi, non dans un code écrit, mais dans l'action personnelle du

---

[157] Cf. Concile Œcum. Vat. II, décr. sur l'apostolat des laïcs *Apostolicam actuositatem*, 4.
[158] Cf. Jean-Paul Ier, discours aux évêques de la XIIe région pastorale des Etats-Unis d'Amérique, 21 septembre 1978: *AAS* 70 (1978), p. 767.

Saint-Esprit qui anime et guide le chrétien, c'est-à-dire dans « la loi de l'Esprit, qui donne la vie dans le Christ Jésus »:[159] « L'amour de Dieu a été répandu dans nos cœurs par le Saint-Esprit qui nous fut donné ».[160]

Cela vaut également pour le couple et pour la famille chrétienne: leur guide et leur règle est l'Esprit de Jésus, répandu dans les cœurs par la célébration du sacrement de mariage. En continuité avec le baptême dans l'eau et dans l'Esprit, le mariage propose à nouveau la loi évangélique de l'amour, et par le don de l'Esprit la grave plus profondément dans le cœur des époux chrétiens: leur amour, purifié et sauvé, est un fruit de l'Esprit qui agit dans le cœur des croyants et se manifeste en même temps comme le commandement fondamental de la vie morale qui s'impose à leur liberté responsable.

La famille chrétienne est ainsi animée et guidée par la loi nouvelle de l'Esprit Saint, et elle est appelée à vivre son « service » d'amour de Dieu et du prochain en étroite communion avec l'Eglise, peuple royal. Comme le Christ exerce son pouvoir royal en se mettant au service des hommes,[161] de même le chrétien trouve le sens authentique de sa participation à la royauté de son Seigneur en partageant l'esprit et l'attitude de service qui furent les siens envers l'homme: « Ce

---

[159] *Rm* 8, 2.
[160] *Ibid.*, 5, 5.
[161] Cf. *Mc* 10, 45.

pouvoir, il (le Christ) l'a communiqué à ses disciples, pour qu'ils soient eux aussi établis dans la liberté royale, et que, par le renoncement à eux-mêmes et par une vie sainte, ils vainquent en eux le règne du péché (cf. *Rm* 6, 12), bien plus, pour que, servant le Christ également dans les autres, ils puissent, dans l'humilité et la patience, conduire leurs frères jusqu'au Roi dont il est dit que le servir c'est régner. En effet, le Seigneur désire étendre son règne également par les fidèles laïcs: règne de vérité et de vie, règne de sainteté et de grâce, règne de justice, d'amour et de paix; dans ce règne, la création elle-même sera délivrée de l'esclavage de la corruption pour connaître la liberté glorieuse des fils de Dieu (cf. *Rm* 8, 21) ».[162]

Découvrir en tout frère l'image de Dieu

64.   Animée et soutenue par le commandement nouveau de l'amour, la famille chrétienne vit l'accueil, le respect, le service de tout homme, considéré toujours dans sa dignité de personne et de fils de Dieu.

Il doit en être ainsi, tout d'abord à l'intérieur et au bénéfice du couple et de la famille, grâce à l'engagement quotidien dans la promotion d'une authentique communauté de personnes, fondée et alimentée par la communion des cœurs. Ensuite,

---

[162] Concile Œcum. Vat. II, const. dogmatique sur l'Eglise *Lumen gentium*, 36.

ce comportement doit se développer dans le cercle plus vaste de la communauté ecclésiale, à l'intérieur de laquelle la famille chrétienne est insérée: grâce à la charité de la famille, l'Eglise peut et doit assumer une dimension plus familiale, en adoptant un style de relations plus humain et plus fraternel.

La charité dépasse l'horizon des frères dans la foi, parce que « tout homme est mon frère »; en chaque homme, surtout s'il est pauvre, faible, souffrant et injustement traité, la charité sait découvrir le visage du Christ et un frère à aimer et à servir.

Pour que le service de l'homme soit vécu par la famille de manière évangélique, il faudra s'empresser de mettre en œuvre ce que dit le Concile Vatican II: « Pour que cet exercice de la charité soit toujours au-dessus de toute critique et apparaisse comme tel, il faut voir dans le prochain l'image de Dieu selon laquelle il a été créé et le Christ notre Seigneur à qui est offert en réalité tout ce qui est donné au pauvre ».[163]

La famille chrétienne, tout en construisant l'Eglise dans la charité, se met au service de l'homme et du monde, en réalisant vraiment la « promotion humaine » dont les différents aspects ont été synthétisés dans le message du Synode aux familles: « Une autre tâche de la famille est celle de former les hommes à l'amour et de vivre l'amour dans tous les rapports avec

---

[163] Décr. sur l'apostolat des laïcs *Apostolicam actuositatem*, 8.

les autres, de manière que la famille ne se ferme pas sur elle-même mais qu'elle demeure ouverte à la communauté, y étant poussée par le sens de la justice et par le souci des autres, comme par le devoir de sa propre responsabilité envers la société tout entière ».[164]

[164] Message du VIe Synode des Evêques aux familles chrétiennes, 24 octobre 1980, n. 12.

LA PASTORALE FAMILIALE:
ETAPES, STRUCTURES, RESPONSABLES ET SITUATIONS

I – LES ETAPES DE LA PASTORALE FAMILIALE

L'Eglise accompagne la famille chrétienne dans son cheminement

65.   Comme toute réalité vivante, la famille est appelée elle aussi à se développer et à croître. Après la préparation des fiançailles et la célébration sacramentelle du mariage, le couple commence son cheminement quotidien vers la mise en œuvre progressive des valeurs et des devoirs du mariage même.

A la lumière de la foi et en vertu de l'espérance, la famille chrétienne participe elle aussi, en communion avec l'Eglise, à l'expérience du pèlerinage terrestre vers la pleine révélation et la réalisation du Royaume de Dieu.

Il y a donc lieu de souligner une fois encore l'urgence de l'intervention pastorale de l'Eglise pour soutenir la famille. Il est nécessaire de faire tous les efforts possibles pour que la pastorale de la famille s'affermisse et se développe, en se consacrant à un secteur vraiment prioritaire, avec la certitude que l'évangélisation, à l'avenir, dépend en grande partie de l'Eglise domestique.[165]

La sollicitude pastorale de l'Eglise ne se limitera pas seulement aux familles chrétiennes les plus proches mais, en élargissant ses propres horizons à la mesure du Cœur du Christ, elle se montrera encore plus active pour l'ensemble des familles en général et pour celles, en particulier, qui se trouvent dans des situations difficiles ou irrégulières. Pour toutes, l'Eglise aura une parole de vérité, de bonté, de compréhension, d'espérance, de participation profonde à leurs difficultés parfois dramatiques; à toutes, elle offrira son aide désintéressée afin qu'elles puissent se rapprocher du modèle de famille que le Créateur a voulu dès le « commencement » et que le Christ a rénové par sa grâce rédemptrice.

L'action pastorale de l'Eglise doit être progressive en ce sens, entre autres, qu'elle doit suivre la famille en l'accompagnant pas à pas dans les diverses étapes de sa formation et de son développement.

La préparation

66.   De nos jours, la préparation des jeunes au mariage et à la vie familiale est plus nécessaire que jamais. Dans certains pays, ce sont encore

---

[165] Cf. Jean-Paul II, discours à la IIIᵉ Assemblée générale des évêques de l'Amérique latine, 28 janvier 1979, IV, a: *AAS* 71 (1979), p. 204.

les familles qui, selon d'antiques usages, se réservent de transmettre aux jeunes les valeurs concernant la vie matrimoniale et familiale, par un système progressif d'éducation ou d'initiation. Mais les changements survenus au sein de presque toutes les sociétés modernes exigent que non seulement la famille, mais aussi la société et l'Eglise, soient engagées dans l'effort de préparation adéquate des jeunes aux responsabilités de leur avenir. Beaucoup de phénomènes négatifs que l'on déplore aujourd'hui dans la vie familiale viennent du fait que, dans les nouvelles situations, les jeunes ont perdu de vue la juste hiérarchie des valeurs et que, ne possédant plus de critères sûrs de comportement, ils ne savent plus comment affronter et résoudre les nouvelles difficultés. L'expérience enseigne pourtant que les jeunes bien préparés à la vie familiale réussissent en général mieux que les autres.

Cela vaut encore plus pour le mariage chrétien, dont l'influence s'étend sur la sainteté de tant d'hommes et de femmes. C'est pourquoi l'Eglise doit promouvoir des programmes meilleurs et plus intensifs de préparation au mariage, pour éliminer le plus possible les difficultés dans lesquelles se débattent tant de couples, et plus encore pour conduire positivement les mariages à la réussite et à la pleine maturité.

La préparation au mariage est à considérer et à réaliser comme un processus graduel et continu. Elle comporte en effet trois principales étapes: préparation éloignée, prochaine et immédiate.

La *préparation éloignée* commence dès l'enfance, selon la sage pédagogie familiale qui vise à conduire les enfants à se découvrir eux-mêmes comme doués d'une psychologie à la fois riche et complexe, et d'une personnalité particulière, avec ses propres forces et aussi ses faiblesses. C'est la période durant laquelle on inculque peu à peu l'estime pour toute valeur humaine authentique, dans les rapports interpersonnels comme dans les rapports sociaux, avec ce que cela comprend pour la formation du caractère, pour la maîtrise de soi et l'usage correct de ses propres inclinations, pour la manière de considérer et de rencontrer les personnes de l'autre sexe, et ainsi de suite. En outre, spécialement pour les chrétiens, est requise une solide formation spirituelle et catéchétique, qui sache montrer dans le mariage une véritable vocation et mission, sans exclure la possibilité du don total de soi à Dieu dans la vocation sacerdotale ou religieuse.

Sur cette base s'appuiera ensuite — et c'est là une œuvre de longue haleine — la *préparation prochaine*: à partir de l'âge opportun et avec une catéchèse adéquate, un peu comme pour le cheminement catéchuménal, elle comporte une préparation plus spécifique aux sacrements, comme si on les redécouvrait. Cette catéchèse rénovée de tous ceux qui se préparent au mariage chrétien est tout à fait nécessaire, afin que le sacrement soit célébré et vécu avec les dispositions morales et spirituelles qui conviennent. La formation religieuse des fiancés devra être complétée, au moment voulu et selon les diverses exigences concrètes, par une préparation à la vie à deux: une telle préparation, en présentant le mariage comme un rapport interpersonnel de l'homme et de la femme à développer de façon continuelle, devra les encourager à approfondir les problèmes de la sexualité conjugale et de la paternité responsable, avec les connaissances essentielles qui leur sont connexes dans l'ordre biologique et médical, et les amener à se familiariser avec de bonnes méthodes d'éducation des enfants, en favorisant l'acquisition des éléments de base pour une conduite ordonnée de la famille (travail stable, disponibilité financière suffisante, sage administration, notion d'économie familiale, etc.).

Enfin, on ne devra pas négliger la préparation à l'apostolat familial, à la fraternité et à la collaboration avec les autres familles, à l'insertion active dans des groupes, associations, mouvements et initiatives ayant pour finalité le bien humain et chrétien de la famille.

La *préparation immédiate* à la célébration du sacrement de mariage doit avoir lieu dans les derniers mois et notamment dans les dernières semaines qui précèdent les noces de manière à donner une nouvelle signification, un nouveau contenu et un nouvelle forme à ce qu'on appelle l'enquête pré-matrimoniale requise par le droit canonique. Nécessaire dans tous les cas, une telle préparation s'impose avec plus d'urgence pour les fiancés qui présenteraient encore des déficiences et des difficultés en matière de doctrine et de pratique chrétienne.

Parmi les éléments à communiquer dans ce cheminement de foi, analogue au catéchuménat, il doit y avoir aussi une connaissance approfondie du mystère du Christ et de l'Eglise, de ce que signifient la grâce et la responsabilité inhérentes au mariage chrétien, sans compter la préparation à prendre une part active et consciente aux rites de la liturgie nuptiale.

La famille chrétienne et toute la communauté ecclésiale doivent se sentir engagées dans les diverses phases de la préparation au mariage, dont nous avons tracé seulement les grandes lignes. Il est souhaitable que les Conférences épiscopales, étant intéressées aux initiatives qui conviennent pour aider les futurs époux à être plus conscients du sérieux de leur choix et les pasteurs d'âmes à s'assurer qu'ils ont les dispositions voulues, s'emploient à ce que soit promulgué un *Directoire pour la pastorale de la famille.* Dans celui-ci, ils devront fixer, avant tout, les éléments indispensables du contenu, de la durée et de la méthode des « cours de préparation », en équilibrant entre eux les divers aspects — doctrinaux, pédagogiques, légaux et médicaux — qui concernent le mariage, et en les organisant de manière à permettre à ceux qui se préparent au mariage, non seulement de bénéficier d'un approfondissement intellectuel, mais de se sentir poussés à s'insérer de façon active dans la communauté ecclésiale.

Bien que le caractère nécessaire et obligatoire de la préparation immédiate au mariage ne doive pas être sous-estimé — cela arriverait si l'on en dispensait facilement —, une telle préparation doit toujours être proposée et réalisée de manière que son omission éventuelle ne constitue pas un empêchement à la célébration des noces.

La célébration

67.   Le mariage chrétien requiert — telle est la norme — une célébration liturgique qui exprime de façon sociale et communautaire la nature essentiellement ecclésiale et sacramentelle du pacte conjugal entre les baptisés.

En tant que *geste sacramentel de sanctification,* la célébration du mariage, insérée dans la liturgie qui est le sommet de toute l'action de l'Eglise et la source de sa force sanctificatrice,[166] doit être par elle-même valide, digne et fructueuse. La sollicitude pastorale trouve ici un vaste champ d'application si l'on veut répondre pleinement aux exigences découlant de la nature du pacte conjugal élevé au rang de sacrement, et aussi observer fidèlement la discipline de l'Eglise pour tout ce qui regarde le libre consentement, les empêchements, la forme canonique et le rite même de la célébration. Ce rite doit être simple et digne, accompli selon les normes des Autorités compétentes de l'Eglise; il revient d'ailleurs

[166] Cf. Concile Œcum. Vat. II, const. sur la sainte liturgie *Sacrosanctum Concilium,* 10.

à celles-ci — selon les circonstances concrètes de temps et de lieu et en conformité avec les normes établies par le Siège Apostolique [167] — d'assumer éventuellement dans la célébration liturgique les éléments propres à chaque culture susceptibles de mieux exprimer la profonde signification humaine et religieuse du pacte conjugal, pourvu qu'ils ne contiennent rien qui s'écarte de la foi et de la morale chrétiennes.

En tant que *signe,* la célébration liturgique doit se dérouler de manière à constituer, même dans sa réalité extérieure, une proclamation de la Parole de Dieu et une profession de foi de la communauté des croyants. L'effort pastoral portera ici sur l'utilisation intelligente et diligente de la « Liturgie de la Parole », et sur l'éducation de la foi de ceux qui participent à la célébration et, en premier lieu, des futurs époux.

En tant que *geste sacramentel de l'Eglise,* la célébration liturgique du mariage doit engager la communauté chrétienne, grâce à une participation pleine, active et responsable de toutes les personnes présentes, chacune selon sa place et son rôle: les époux, le prêtre, les témoins, les parents, les amis, les autres fidèles, bref tous les membres d'une assemblée qui manifeste et vit le mystère du Christ et de son Eglise.

Pour la célébration du mariage chrétien dans le cadre des cultures ou des traditions ancestrales, il faut suivre les principes énoncés ci-dessus.

[167] Cf. *Ordo celebrandi Matrimonium,* n. 17.

**Célébration du mariage
et évangélisation
des baptisés non croyants**

68.   Précisément parce que, dans la célébration du mariage, une attention toute spéciale doit être réservée aux dispositions morales et spirituelles des époux, en particulier à leur foi, il faut aborder ici une difficulté qui n'est pas rare, et que peuvent rencontrer les pasteurs de l'Eglise dans le contexte de notre société sécularisée.

En effet, la foi de celui qui demande à l'Eglise de bénir son mariage peut exister à des degrés divers, et c'est le devoir fondamental des pasteurs de la faire redécouvrir, de la nourrir et de l'amener à maturité. Mais ils doivent aussi comprendre les raisons qui conseillent à l'Eglise d'admettre à la célébration même celui qui est imparfaitement disposé.

Parmi tous les sacrements, celui du mariage a ceci de spécifique d'être le sacrement d'une réalité qui existe déjà dans l'ordre de la création, d'être le pacte conjugal institué par le Créateur « au commencement ». Par conséquent, la décision de l'homme et de la femme de s'épouser selon ce projet divin, autrement dit la décision d'engager toute leur vie par leur consentement conjugal irrévocable dans un amour indissoluble et dans une fidélité sans conditions, implique réellement, même si ce n'est pas d'une manière pleinement consciente, une attitude de profonde obéissance à la volonté de Dieu, qui ne peut exister sans sa grâce. Ils sont donc déjà entrés dans un véritable cheminement de salut, que la célébration du sacrement et sa préparation immédiate peuvent compléter et porter à terme, étant donné la rectitude de leur intention.

Il est vrai, d'autre part, que, en certains territoires, des motifs de caractère plus social qu'authentiquement religieux poussent les fiancés à demander de se marier à l'église. Cela n'est pas étonnant. Le mariage, en effet, n'est pas un événement qui regarde seulement ceux qui se marient. Il est aussi, par sa nature même, un fait social qui engage les époux devant la société. Et depuis toujours sa célébration a été une fête qui unit familles et amis. Il va donc de soi que des motifs sociaux entrent, en même temps que des motifs personnels, dans la demande du mariage à l'église.

Cependant, il ne faut pas oublier que ces fiancés, en vertu de leur baptême, sont déjà réellement insérés dans l'Alliance nuptiale du Christ avec l'Eglise, qu'avec une intention droite ils ont accueilli le projet de Dieu sur le mariage et que, par conséquent, au moins implicitement, ils consentent à ce que l'Eglise entend faire lorsqu'elle célèbre le mariage. Aussi, le seul fait que, dans leur demande, il entre également des motifs de caractère social, ne justifie pas un refus éventuel de la part des pasteurs. Du reste, comme l'a enseigné le Concile Vatican II, les sacrements, grâce aux paroles et aux éléments du rite, nourrissent et fortifient la foi,[168] cette foi vers laquelle les fiancés sont déjà en chemin en vertu de la rectitude de leur intention, que la grâce du Christ ne manque assurément pas de favoriser et de soutenir.

Au-delà de toutes ces considérations, vouloir établir, pour l'admission à la célébration ecclésiale du mariage, d'autres critères qui concerneraient le degré de foi des fiancés, comporte de graves risques: avant tout, celui de prononcer des jugements non suffisamment fondés et discriminatoires; le risque ensuite de soulever des doutes sur la validité de mariages déjà célébrés, non sans grave dommage pour les communautés chrétiennes, et de susciter de nouvelles inquiétudes injustifiées dans la conscience des époux. On tomberait dans le danger de contester ou de mettre en doute la sacramentalité de nombreux mariages de frères qui ne sont pas en pleine communion avec l'Eglise catholique, et cela en contradiction avec la tradition ecclésiale.

Lorsque, au contraire, malgré toutes les tentatives qu'on a pu faire, les fiancés manifestent leur refus explicite et formel de ce que l'Eglise entend faire quand est célébré un mariage de baptisés, le pasteur d'âmes ne peut les admettre à la célébration. Même si c'est à contrecœur, il a le devoir de prendre acte de la situation et de faire comprendre aux intéressés que, les choses

---

[168] Cf. Concile Œcum. Vat. II, const. sur la sainte liturgie *Sacrosanctum Concilium,* 59.

étant ce qu'elles sont, ce n'est pas l'Eglise, mais eux-mêmes qui empêchent la célébration que pourtant ils demandent.

Encore une fois apparaît dans toute son urgence la nécessité d'une évangélisation et d'une catéchèse pré-matrimoniales et post-matrimoniales à mettre en œuvre par toute la communauté chrétienne, pour permettre à tout homme et à toute femme qui se marient de célébrer le sacrement de mariage non seulement validement, mais encore avec fruit.

Pastorale post-matrimoniale

69.   La sollicitude pastorale pour la famille régulièrement constituée signifie, concrètement, l'engagement de toutes les instances de la communauté ecclésiale locale pour aider le couple à découvrir et à vivre sa vocation et sa mission nouvelles. Pour que la famille devienne toujours davantage une vraie communauté d'amour, il est nécessaire que tous ses membres soient aidés et formés à leurs responsabilités en face des nouveaux problèmes qui se présentent, au service réciproque, à la participation à la vie de la famille.

Cela vaut surtout pour les jeunes familles qui, se trouvant dans un contexte de nouvelles valeurs et de nouvelles responsabilités, sont plus exposées, spécialement dans les premières années du mariage, à d'éventuelles difficultés, comme celles qui proviennent de l'adaptation à la vie en commun ou de la naissance des enfants. Les jeunes époux sauront accueillir cordialement et utiliser intelligemment l'aide discrète, délicate et généreuse d'autres couples qui vivent déjà depuis un certain temps l'expérience du mariage et de la famille. Ainsi, au sein de la communauté ecclésiale — grande famille formée de familles chrétiennes — se réalisera un échange mutuel, fait de présence et d'entraide, entre toutes les familles, chacune mettant au service des autres son expérience humaine, comme aussi les dons de la foi et de la grâce. Animée par un véritable esprit apostolique, cette entraide de famille à famille constituera l'un des moyens les plus simples, les plus efficaces et à la porté de tous pour répandre de proche en proche les valeurs chrétiennes qui sont le point de départ et le point d'aboutissement de toute charge pastorale. De cette façon, les jeunes familles ne se borneront pas à recevoir, mais à leur tour, grâce à cette aide, elles deviendront, par leur témoignage de vie et leur contribution active, une source d'enrichissement pour les autres familles qui sont fondées depuis un certain temps.

Dans l'action pastorale vis-à-vis des jeunes familles, l'Eglise devra aussi s'appliquer spécialement à les éduquer à vivre l'amour conjugal de façon responsable, en rapport avec ses exigences de communion et de service de la vie, et de même leur apprendre à concilier l'intimité de la vie de foyer avec la tâche généreuse qui incombe à tous d'édifier l'Eglise et la société humaine. Lorsque, avec la venue des enfants, le couple devient une famille au sens plénier et spécifique du terme, l'Eglise sera encore proche des parents pour leur permettre d'accueillir leurs enfants et de les aimer comme un don reçu du Seigneur de la vie, en assumant avec joie la fatigue de les servir dans leur croissance humaine et chrétienne.

II – STRUCTURES DE LA PASTORALE FAMILIALE

L'action pastorale est toujours l'expression dynamique de la réalité de l'Eglise engagée dans sa mission de salut. La pastorale familiale, forme particulière et spécifique de la pastorale, trouve elle aussi dans l'Eglise le principe de son action et son protagoniste responsable, à travers ses structures et ses membres actifs.

La communauté ecclésiale et en particulier la paroisse

70.   Communauté à la fois sauvée et salvatrice, l'Eglise doit être considérée ici dans sa double dimension universelle et particulière. Celle-ci s'exprime et se réalise dans la communauté diocésaine, divisée pour des raisons pastorales en communautés plus petites parmi lesquelles la paroisse a une place à part, vu son importance particulière.

La communion avec l'Eglise universelle, loin de porter atteinte à la valeur et à l'originalité des diverses Eglises particulières, les garantit et les développe; ces dernières demeurent en effet les agents les plus immédiats et les plus efficaces pour mettre en œuvre la pastorale familiale. En ce sens, chaque Eglise locale et, en termes plus particuliers, chaque communauté paroissiale doit prendre une plus vive conscience de la grâce et de la responsabilité qu'elle reçoit du Seigneur en vue de promouvoir la pastorale de la famille. Tout plan de pastorale organique, à quelque niveau que ce soit, ne peut jamais omettre de prendre en considération la pastorale de la famille.

C'est à la lumière d'une telle responsabilité qu'il faut comprendre aussi l'importance d'une préparation adéquate pour tous ceux qui seront plus spécifiquement engagés dans ce genre d'apostolat. Les prêtres, les religieux et les religieuses, dès le temps de leur formation, seront orientés et formés de manière progressive et adaptée à leurs tâches respectives. Entre autres initiatives, il me plaît de souligner la récente création à Rome, auprès de l'Université pontificale du Latran, d'un Institut supérieur consacré à l'étude des problèmes de la famille. Dans certains diocèses également des Instituts de ce genre ont été fondés; les évêques devront faire en sorte que le plus grand nombre possible de prêtres y fréquentent des cours spécialisés, avant d'assumer des responsabilités paroissiales. Ailleurs, des cours de formation sont périodiquement donnés par les Instituts supérieurs d'études théologiques et pastorales. De telles initiatives seront encouragées, soutenues, multipliées et évidemment ouvertes aussi aux laïcs qui y apporteront leur concours professionnel pour aider la famille (au plan de la médecine, du droit, de la psychologie, de la sociologie, de l'éducation).

La famille

71.   Mais surtout on doit reconnaître la place singulière que tient en ce domaine la mission des conjoints et des familles chrétiennes, en vertu de la grâce reçue dans le sacrement. Une telle mission doit être mise au service de l'édification de l'Eglise, de la construction du Royaume de Dieu dans l'histoire. Cela est requis comme un acte d'obéissance docile au Christ Seigneur. C'est lui qui, en effet, par le mariage des baptisés élevé au rang de sacrement, confère aux époux chrétiens une mission particulière d'apôtres, en les envoyant comme ouvriers dans sa vigne et, de façon toute spéciale, dans le champ de la famille.

Dans cette activité, les époux chrétiens agissent en communion et en collaboration avec les autres membres de l'Eglise qui œuvrent aussi en faveur de la famille, en faisant fructifier leurs dons et leurs ministères. Ils accompliront cet apostolat avant tout au sein de leur propre famille, par le témoignage d'une vie vécue en conformité avec la loi divine sous tous ses aspects, par la formation chrétienne des enfants, par l'aide apportée à leur maturation dans la foi, par l'éducation à la chasteté, par la préparation à la vie, par le soin accordé à les préserver des dangers idéologiques et moraux dont souvent ils sont menacés, par leur insertion progressive, avec responsabilité, dans la communauté ecclésiale et dans la communauté civile, par l'assistance et les conseils dans le choix de leur vocation, par l'aide mutuelle entre les membres de la famille pour leur croissance commune au plan humain et chrétien, et ainsi de suite. Par ailleurs, l'apostolat de la famille s'épanouira sous forme d'œuvres de charité spirituelle et matérielle envers les autres familles, spécialement envers celles qui ont le plus besoin d'entraide et de soutien, envers les pauvres, les malades, les personnes âgées, les handicapés, les orphelins, les veuves, les époux abandonnés, les mères célibataires et celles qui, dans des situations difficiles, sont tentées de se défaire du fruit de leur sein, etc.

Les associations de familles au service des familles

72.   Toujours dans le cadre de l'Eglise, sujet responsable de la pastorale familiale, il faut rappeler les divers regroupements de fidèles, dans lesquels se manifeste et se vit dans une certaine mesure le mystère de l'Eglise du Christ. Il importe donc de reconnaître et de valoriser les communautés ecclésiales, les groupes et les nombreux mouvements engagés de diverse manière, à des titres variés et à différents niveaux dans la pas-

torale familiale, en tenant compte pour chacun des caractéristiques, de la finalité, de l'impact et des méthodes propres.

Pour ce motif, le Synode a expressément reconnu l'apport utile de telles associations de spiritualité, de formation et d'apostolat. Leur rôle sera de susciter chez les fidèles un sens aigu de la solidarité, de favoriser une conduite de vie inspirée de l'Evangile et de la foi de l'Eglise, de former les consciences selon les valeurs chrétiennes et non d'après les critères de l'opinion publique, d'encourager les œuvres de charité orientées vers l'entraide mutuelle et vers les autres avec un esprit d'ouverture qui fasse des familles chrétiennes une véritable source de lumière et un ferment sain pour les autres familles.

Il est également désirable que, selon un sens très vif du bien commun, les familles chrétiennes s'engagent activement, à tous les niveaux, dans d'autres associations non ecclésiales. Certaines de ces associations se proposent la préservation, la transmission et la sauvegarde des vraies valeurs éthiques et culturelles du peuple auquel elles appartiennent, le développement de la personne humaine, la protection médicale, juridique et sociale de la maternité et de l'enfance, la juste promotion de la femme et la lutte contre tout ce qui blesse sa dignité, l'accroissement de la solidarité mutuelle, la connaissance des problèmes liés à la régulation responsable de la fécondité selon les méthodes naturelles conformes à la dignité humaine et à la doctrine de l'Eglise. D'autres visent la construction d'un monde plus équitable et plus humain, la promotion de lois justes favorisant l'ordre social qui convient dans le plein respect de la dignité et de toutes les libertés légitimes de l'individu et de la famille, au niveau national comme au niveau international, la collaboration avec l'école et avec les autres institutions qui complètent l'éducation des enfants, et ainsi de suite.

III – LES RESPONSABLES DE LA PASTORALE FAMILIALE

En plus de la famille — qui est l'objet, mais avant tout le sujet de la pastorale familiale —, il convient de rappeler aussi les autres responsables principaux dans ce secteur particulier.

Les évêques et les prêtres

73. Le premier responsable de la pastorale familiale dans le diocèse est l'évêque. Comme père et pasteur, il doit être particulièrement soucieux de ce secteur, sans aucun doute prioritaire, de la pastorale. Il doit lui consacrer intérêt, sollicitude, temps, personnel, ressources: mais par-dessus tout, il doit apporter un appui personnel aux familles et à tous ceux qui, dans les diverses structures diocésaines, l'assistent dans la pastorale de la famille. Il aura particulièrement à cœur la volonté de faire en sorte que son diocèse soit toujours davantage une véritable « famille dio-

césaine », modèle et source d'espérance pour tant de familles qui en font partie. La création du Conseil pontifical pour la Famille est à considérer dans ce contexte: il est fait pour être un signe de l'importance que j'attribue à la pastorale de la famille dans le monde, et en même temps un instrument efficace pour aider à la promouvoir à tous les niveaux.

Les évêques sont aidés en particulier par les prêtres dont la tâche — comme l'a expressément souligné le Synode — constitue une partie essentielle du ministère de l'Eglise à l'égard du mariage et de la famille. On doit dire la même chose des diacres auxquels sera éventuellement confiée la charge de ce secteur pastoral.

Leur responsabilité s'étend non seulement aux problèmes moraux et liturgiques, mais aussi aux problèmes de caractère personnel et social. Ils doivent soutenir la famille dans ses difficultés et ses souffrances, en se tenant aux côtés de ses membres, en les aidant à voir leur vie à la lumière de l'Evangile. Il n'est pas superflu de noter que, dans cette mission, exercée avec le discernement qui convient et un véritable esprit apostolique, le ministre de l'Eglise puise un nouveau stimulant et de nouvelles énergies pour sa propre vocation et pour l'exercice même de son ministère.

Préparés à cet apostolat en temps utile et de façon sérieuse, le prêtre et le diacre doivent se comporter constamment, au regard des familles, comme des pères, des frères, des pasteurs et des maîtres, en les aidant avec le secours de la grâce et en les éclairant avec la lumière de la vérité. Leur enseignement et leurs conseils devront donc être toujours en pleine consonance avec le Magistère authentique de l'Eglise, de manière à aider le peuple de Dieu à se former un sens exact de la foi à appliquer ensuite à la vie concrète. Cette fidélité au Magistère permettra aussi aux prêtres de veiller avec grand soin à maintenir l'unité dans leurs façons de juger, afin d'éviter aux fidèles des troubles de conscience.

Les pasteurs et les laïcs participent dans l'Eglise à la mission prophétique du Christ: les laïcs, en témoignant de la foi par la parole et par la vie chrétienne; les pasteurs, en discernant dans ce témoignage ce qui est expression de foi authentique et ce qui correspond moins à la lumière de la foi; la famille, en tant que communauté chrétienne, grâce à sa participation spéciale et à son témoignage de foi. Ainsi s'établit un dialogue entre les pasteurs et les familles. Les théologiens et les experts des problèmes familiaux peuvent favoriser grandement ce dialogue, en exposant exactement le contenu du Magistère de l'Eglise et celui de l'expérience de la vie de famille. En ce sens, l'enseignement du Magistère se comprend mieux et le chemin vers son développement progressif devient plus facile. Il est toutefois utile de rappeler que la norme prochaine et obligatoire dans la doctrine de la foi — cela concerne aussi les problèmes de la famille — appartient au Magistère hiérarchique. Des rapports clairs entre les théologiens, les experts des problèmes familiaux et le Magistère aident passablement à l'intelligence correcte de la foi et à la promotion d'un légitime pluralisme dans les limites de cette foi.

Religieux et religieuses

74.   La contribution que les religieux et les religieuses, ainsi que les âmes consacrées en général, peuvent apporter à l'apostolat de la famille trouve son expression première, fondamentale et originale précisément dans leur consécration à Dieu: grâce à celle-ci, « ils évoquent aux yeux de tous les fidèles cette admirable union établie par Dieu et qui doit être pleinement manifestée dans le siècle futur, par laquelle l'Eglise a le Christ comme unique époux »;[169] cette consécration fait d'eux des témoins de la charité universelle qui, par la chasteté embrassée pour le Royaume des cieux, les rend toujours plus disponibles pour se consacrer généreusement au service de Dieu et aux œuvres d'apostolat.

C'est dire la possibilité qu'ont les religieux et les religieuses, les membres des Instituts séculiers ou d'autres Instituts de perfection, à titre individuel ou associés, d'apporter eux aussi aux familles un certain service, avec une particulière sollicitude pour les enfants, surtout s'ils sont abandonnés, non désirés, orphelins, pauvres ou

---

[169] Concile Œcum. Vat. II, décr. sur la vie religieuse *Perfectae caritatis,* 12.

handicapés; et cela, en visitant les familles et en prenant soin des malades; en entretenant des rapports de respect et de charité avec les familles incomplètes, en difficulté ou désunies; en proposant enseignement et conseils pour préparer les jeunes au mariage et aider les couples dans le problème de la procréation vraiment responsable; en ouvrant leurs maisons à l'hospitalité avec simplicité et cordialité, afin que les familles puissent y trouver le sens de Dieu, le goût de la prière et du recueillement, l'exemple concret d'une vie vécue dans la charité et dans la joie fraternelle convenant aux membres de la grande famille de Dieu.

Je voudrais ajouter, pour les responsables des Instituts de vie consacrée, une exhortation plus pressante à bien vouloir considérer — toujours dans le respect de l'essentiel de leur charisme propre et originel — l'apostolat au service des familles comme une de leurs tâches prioritaires, rendue plus urgente par la situation présente.

Laïcs spécialisés

75.   Une aide sérieuse peut être apportée aux familles par les laïcs spécialisés (médecins, hommes de loi, psychologues, assistants sociaux et assistantes sociales, conseillers, etc.): soit individuellement, soit engagés en diverses associations ou initiatives, ils prêtent leur concours pour les éclairer, les conseiller, les orienter, les soutenir. On

peut bien leur appliquer les exhortations que j'ai eu l'occasion d'adresser à la Confédération des consulteurs familiaux d'inspiration chrétienne: « Votre engagement mérite bien d'être qualifié de "mission", tant sont nobles les fins que vous poursuivez et si déterminants, pour le bien de la société et de la communauté chrétienne elle-même, les résultats qui en découlent... Tout ce que vous parviendrez à faire pour soutenir la famille est destiné à avoir une efficacité qui, débordant ses propres limites, atteindra encore d'autres personnes et influencera la société. L'avenir du monde et de l'Eglise passe par la famille ».[170]

Usagers et artisans des moyens de communication sociale

76.   Une parole particulière doit être réservée à cette catégorie si importante dans la vie moderne. On sait bien que les instruments de communication sociale « affectent, profondément parfois, le psychisme des usagers, tant sous l'aspect affectif et intellectuel que dans le domaine moral et même religieux », spécialement chez les jeunes.[171] Ils peuvent donc exercer une influence bénéfique sur la vie et sur les habitudes de la famille comme sur l'éducation des enfants, mais

---

[170] Discours à la Confédération des conseillers familiaux d'inspiration chrétienne, 29 novembre 1980, nn. 3-4: *Insegnamenti di Giovanni Paolo II*, III, 2 (1980), 1453-1454.
[171] Paul VI, Message pour la IIIe Journée mondiale des communications sociales, 7 avril 1969: *AAS* 61 (1969), p. 455.

en même temps il cachent aussi « des pièges et des périls qu'on ne saurait négliger »,[172] et ils pourraient devenir le véhicule — parfois habilement et systématiquement manœuvré, comme il arrive, hélas, en divers pays du monde — d'idéologies destructrices ou de visions déformées de la vie, des familles, de la religion, de la moralité, en ne respectant pas la vraie dignité et le destin de l'homme.

Le péril est d'autant plus réel que « le style de vie, particulièrement au sein des nations industrialisées, entraîne souvent les familles à se décharger de leur responsabilité éducative. La facilité des occasions d'évasion (représentées à la maison par la télévision et certaines publications) permet d'occuper le temps libre et les activités des enfants et des jeunes ».[173] D'où « le devoir... de protéger avec soin les jeunes des "agressions" qu'ils subissent sous l'influence des mass media », en veillant à ce que l'usage de ceux-ci dans la famille soit réglé avec sagesse. C'est ainsi également que la famille devrait avoir à cœur de chercher, pour les enfants, d'autres divertissements plus sains, plus utiles et plus formateurs, au point de vue physique, moral et spirituel, « pour promouvoir et valoriser le

[172] Jean-Paul II, Message pour la Journée mondiale des communications sociales de 1980, 1er mai 1980: *Insegnamenti di Giovanni Paolo II*, III, 1 (1980), 1042.
[173] Jean-Paul II, Message pour la Journée mondiale des communications sociales de 1981, 10 mai 1981, n. 5: *L'Osservatore Romano*, 22 mai 1981, p. 2.

temps libre des jeunes et mieux orienter leurs énergies ».[174]

En outre, vu que les instruments de communication sociale — comme d'ailleurs l'école et le milieu — ont un impact souvent considérable sur la formation des enfants, les parents doivent, en tant qu'usagers, prendre une part active dans l'utilisation modérée, critique, vigilante et prudente de ces moyens, en déterminant leur part d'influence sur leurs enfants, et dans l'intervention qui vise à « éduquer les consciences à porter elles-mêmes des jugements sereins et objectifs, qui les amèneront à accepter ou à refuser tels ou tels des programmes proposés ».[175]

Les parents feront un effort semblable pour chercher à avoir une influence sur le choix et la préparation des programmes eux-mêmes, en prenant les initiatives qui conviennent pour garder le contact avec les responsables des diverses instances de la production et de la transmission, afin de s'assurer qu'on ne passe pas abusivement sous silence les valeurs humaines fondamentales qui font partie du véritable bien commun de la société, et à plus forte raison qu'on ne leur porte pas expressément atteinte, mais qu'au contraire soient diffusés des programmes aptes à présenter, dans leur juste lumière, les problèmes de la fa-

[174] Jean-Paul II, Message pour la Journée mondiale des communications sociales de 1981, 10 mai 1981, n. 5: *L'Osservatore Romano*, 22 mai 1981, p. 2.
[175] Paul VI, Message pour la IIIe Journée mondiale des communications sociales: *AAS* 61 (1969), p. 456.

mille et leur solution adéquate. A ce propos, mon prédécesseur Paul VI écrivait: « Les producteurs doivent connaître et respecter les exigences de la famille. Et cela suppose parfois chez eux un grand courage et toujours un très haut sens de responsabilité. Ils doivent en effet s'interdire... tout ce qui peut blesser la famille, dans son existence, sa stabilité, son équilibre, son bonheur; car toute atteinte aux valeurs fondamentales de la famille — qu'il s'agisse d'érotisme ou de violence, d'apologie du divorce ou des attitudes antisociales des jeunes — est une atteinte au vrai bien de l'homme ».[176]

Et moi-même, dans une occasion analogue, je soulignais que les familles « doivent pouvoir compter largement sur la bonne volonté, la droiture et le sens des responsabilités des professionnels des mass media: éditeurs, écrivains, producteurs, directeurs, dramaturges, informateurs, commentateurs et acteurs ».[177] C'est pourquoi l'Eglise aussi a le devoir de continuer à consacrer tous les efforts voulus à ces catégories de responsables, tout en encourageant et en soutenant en même temps les catholiques qui se sentent appelés à s'engager dans ces secteurs délicats et qui en ont les capacités.

---

[176] *Ibid.*

[177] Message pour la Journée mondiale des communications sociales de 1980: *Insegnamenti di Giovanni Paolo II*, III, 1 (1980), 1044.

Circonstances particulières

77.   Un engagement pastoral faisant plus encore appel à la générosité, à l'intelligence et à la prudence, selon l'exemple du Bon Pasteur, est nécessaire à l'égard des familles qui, souvent indépendamment de leur propre volonté ou sous le coup d'autres exigences de nature diverse, se trouvent devoir affronter des situations objectivement difficiles.

A ce sujet, il est nécessaire d'attirer spécialement l'attention sur quelques catégories particulières qui ont davantage besoin, non seulement d'assistance, mais d'une action plus décisive sur l'opinion publique et surtout sur les structures culturelles, économiques et juridiques, afin d'éliminer au maximum les causes profondes de leurs difficultés.

Telles sont, par exemple, les familles de ceux qui émigrent pour des raisons de travail; les familles de ceux qui sont astreints à de longues absences comme par exemple les militaires, les navigateurs, les voyageurs de toute sorte; les familles des prisonniers, des réfugiés et des exilés; les familles qui, dans les grandes cités, vivent pratiquement en marge des autres; celles qui n'ont pas de maison; celles qui sont incomplètes ou ne comportent que l'un des parents; les familles qui ont des enfants handicapés ou drogués; les familles d'alcooliques; celles qui sont déracinées de leur milieu culturel et social ou qui risquent de le perdre; celles qui souffrent de discrimination pour des motifs politiques ou pour d'autres raisons; les familles divisées au plan idéologique; celles qui ne parviennent pas à avoir facilement un contact avec la paroisse; celles qui subissent la violence ou d'injustes traitements à cause de leur foi; celles qui sont composées d'époux encore mineurs; les personnes âgées, plus d'une fois contraintes à vivre dans la solitude et sans les moyens de subsistance qu'il faudrait.

Les familles des migrants, spécialement lorsqu'il s'agit d'ouvriers ou de paysans, doivent pouvoir trouver partout dans l'Eglise une patrie qui soit leur. Il y a là un devoir naturel pour l'Eglise, elle qui est signe d'unité dans la diversité. Les migrants seront assistés autant que possible par des prêtres de leur rite, de leur culture, de leur langue. Il appartient à l'Eglise de faire appel à la conscience des citoyens et à tous ceux qui ont une autorité dans la vie sociale, économique et politique, afin que les ouvriers trouvent du travail dans leur propre région et dans leur patrie, qu'ils reçoivent un juste salaire, que les familles soient le plus tôt possible réunies, qu'elles soient prises en considération dans leur identité culturelle, qu'elles soient traitées à l'égal des autres et que leurs enfants aient la possibilité de bénéficier d'une formation professionnelle et d'exercer leur profession, comme aussi de posséder la terre nécessaire à leur travail et à leur subsistance.

Un problème difficile est celui des familles divisées au *plan idéologique*. Ces cas requièrent une préoccupation pastorale particulière. Il faut avant tout maintenir, avec la discrétion voulue, un contact personnel avec de telles familles. Les croyants doivent être fortifiés dans la foi et soutenus dans leur vie chrétienne. Même si la partie fidèle au catholicisme ne peut céder, il est nécessaire que soit toujours maintenu vivant le dialogue avec l'autre partie. Il importe de multiplier les manifestations d'amour et de respect, dans la ferme espérance de maintenir fortement l'unité. Cela dépend beaucoup aussi des rapports entre les parents et leurs enfants. Les idéologies étrangères à la foi peuvent du reste stimuler les membres croyants de la famille à croître dans la foi et dans le témoignage de leur amour.

D'autres moments difficiles où la famille a besoin de l'aide de la communauté ecclésiale et de ses pasteurs peuvent être: l'adolescence des enfants, agitée, contestataire et parfois même tumultueuse; leur mariage, qui les sépare de leur famille d'origine; l'incompréhension ou le manque d'amour de la part des personnes les plus chères; le fait d'être abandonné par son conjoint ou de le perdre, ce qui ouvre la porte à la douloureuse expérience du veuvage; la mort d'un membre de la famille qui mutile et transforme en profondeur le noyau originel de la famille.

De même, l'Eglise ne peut négliger l'étape de la vieillesse, avec tout ce qu'elle comporte de positif et de négatif: approfondissement possible de l'amour conjugal toujours plus purifié et qui bénéficie de la longue fidélité ininterrompue; disponibilité à mettre au service des autres, sous une forme nouvelle, la bonté et la sagesse accumulées et les énergies qui demeurent; mais aussi solitude pesante, plus souvent psychologique et affective que physique, à cause de l'éventuel abandon ou d'une insuffisante attention de la part des enfants ou des membres de la parenté; souffrance provenant de la maladie, du déclin progressif des forces, de l'humiliation de devoir dépendre des autres, de l'amertume de se sentir peut-être à charge à ceux qui sont chers, de l'approche des derniers moments de la vie. Voilà les occasions dans lesquelles — comme l'ont suggéré les Pères du Synode — on peut plus facilement faire comprendre et faire vivre les aspects élevés de la spiritualité du mariage et de la famille, qui trouvent leur inspiration dans la valeur de la croix et de la résurrection du Christ, source de sanctification et de profonde joie dans la vie quotidienne, dans la perspective des grandes réalités eschatologiques de la vie éternelle.

Dans toutes ces situations, on n'omettra jamais la prière, source de lumière et de force en même temps qu'aliment de l'espérance chrétienne.

78.   Le nombre croissant de mariages entre catholiques et autres baptisés requiert par ailleurs une attention pastorale particulière à la lumière des orientations et des normes contenues dans les plus récents documents du Saint-Siège et dans ceux que les Conférences épiscopales ont élaborés, pour en permettre l'application concrète dans les diverses situations.

Les couples qui vivent l'expérience d'un mariage mixte présentent des exigences particulières qu'on peut réduire à trois catégories principales.

Avant tout, il faut avoir présent à l'esprit les devoirs de la partie catholique qui découlent de la foi, pour tout ce qui concerne le libre exercice de celle-ci et l'obligation qui s'ensuit de pourvoir, selon ses propres forces, à ce que les enfants soient baptisés et éduqués dans la foi catholique.[178]

Il faut tenir compte des difficultés particulières inhérentes aux rapports entre mari et femme pour tout ce qui regarde le respect de la liberté religieuse: celle-ci peut être violée soit par des pressions indues pour obtenir le changement des convictions religieuses du conjoint, soit par des obstacles qui seraient mis à la libre manifestation de ces convictions dans la pratique religieuse.

[178] Cf. Paul VI, motu proprio *Matrimonia mixta*, 4-5: *AAS* 62 (1970), p. 261; cf. aussi Jean-Paul II, discours aux participants de la réunion plénière du Secrétariat pour l'unité des chrétiens, 13 novembre 1981: *L'Osservatore Romano*, 14 novembre 1981.

En ce qui concerne la forme liturgique et canonique du mariage, les Ordinaires peuvent faire largement usage de leurs facultés selon les diverses nécessités.

En traitant de ces exigences spéciales, il faut tenir compte des points suivants:

— dans la préparation qui convient à ce type de mariage, on doit accomplir tout effort raisonnable pour bien faire comprendre la doctrine catholique sur les qualités et les exigences du mariage, comme aussi pour s'assurer que n'existeront pas à l'avenir les pressions et les obstacles dont on vient de parler;

— il est de la plus grande importance que, avec l'appui de sa communauté, la partie catholique soit fortifiée dans sa foi et positivement aidée à en acquérir une compréhension plus mûre et à mieux la pratiquer, de manière à devenir un vrai témoin crédible au sein de la famille, à travers la vie et la qualité de l'amour manifesté à l'autre conjoint et aux enfants.

Les mariages entre catholiques et autres baptisés présentent, tout en ayant une physionomie particulière, de nombreux éléments qu'il est bon de valoriser et de développer, soit pour leur valeur intrinsèque, soit pour la contribution qu'ils peuvent apporter au mouvement œcuménique. Cela se vérifie en particulier lorsque les deux époux sont fidèles à leurs engagements religieux. Le baptême commun et le dynamisme de la grâce fournissent aux époux, dans ces mariages, le fondement et la motivation qui les portent à exprimer leur unité dans la sphère des valeurs morales et spirituelles.

Dans ce but, et aussi pour mettre en évidence l'importance œcuménique d'un tel mariage mixte, vécu pleinement dans la foi des deux conjoints chrétiens, on recherchera, même si cela ne s'avère pas toujours facile, une cordiale collaboration entre le ministre catholique et le ministre non catholique, dès le moment de la préparation au mariage et des noces.

Quant à la participation du conjoint non catholique à la communion eucharistique, on suivra les normes établies par le Secrétariat pour l'unité des chrétiens.[179]

En diverses parties du monde, on enregistre un nombre croissant de mariages entre catholiques et non baptisés. Dans nombre d'entre eux, le conjoint non baptisé professe une autre religion et ses convictions doivent être traitées avec respect, selon les principes de la déclaration *Nostra aetate* du Concile œcuménique Vatican II sur les relations avec les religions non chrétiennes. Mais dans beaucoup d'autres cas, particulièrement dans les sociétés sécularisées, la personne non baptisée ne professe aucune religion. Pour ces mariages, il est nécessaire que les Conférences épiscopales et les différents évêques prennent des mesures pasto-

---

[179] Instruction *In quibus rerum circumstantiis*, 15 juin 1972: *AAS* 64 (1972), pp. 518-525; Note du 17 octobre 1973: *AAS* 65 (1973), pp. 616-619.

rales adéquates, visant à garantir la défense de la foi du conjoint catholique et la sauvegarde de son libre exercice, surtout quant à son devoir de faire ce qui est en son pouvoir pour que les enfants soient baptisés et éduqués de manière catholique. Le conjoint catholique doit être également soutenu de toute façon dans son effort pour donner, à l'intérieur de la famille chrétienne, un témoignage authentique de foi et de vie catholiques.

Action pastorale devant certaines situations irrégulières

79.   Dans le soin qu'il a mis à protéger la famille dans toutes ses dimensions — et pas seulement la dimension religieuse —, le Synode des Evêques n'a pas manqué de prendre attentivement en considération quelques-unes des situations qui sont irrégulières au plan religieux et souvent même au plan civil et qui, dans les changements rapides affectant aujourd'hui les cultures, sont en train, hélas, de se répandre même parmi les catholiques, avec un sérieux dommage pour l'institution familiale et pour la société dont elle constitue la cellule fondamentale.

a) *Le mariage à l'essai*

80.   Une première situation irrégulière consiste dans ce que l'on appelle « le mariage à l'essai », que beaucoup aujourd'hui voudraient justifier en lui attribuant une certaine valeur. Qu'il soit inac-

ceptable, la raison humaine le laisse déjà entendre par elle-même, en montrant combien il est peu convaincant de parler d'un « essai » quand il s'agit de personnes humaines, dont la dignité exige qu'elles soient toujours et seulement le terme de l'amour de donation sans aucune limite, de temps ou autre.

Pour sa part, l'Eglise ne peut admettre ce type d'union pour des motifs supplémentaires et originaux découlant de la foi. D'un côté, en effet, le don du corps dans le rapport sexuel est le symbole réel de la donation de toute la personne; une telle donation, d'ailleurs, dans le dessein actuel de Dieu, ne peut se réaliser dans sa pleine vérité sans le concours de l'amour de charité donné par le Christ. Et d'un autre côté, le mariage entre deux baptisés est le symbole réel de l'union du Christ avec l'Eglise, union qui n'est pas temporaire ou « à l'essai », mais éternellement fidèle; entre deux baptisés, il ne peut donc exister qu'un mariage indissoluble.

Une telle situation ne peut normalement être surmontée si la personne humaine n'a pas été éduquée depuis son enfance, avec l'aide de la grâce du Christ et sans crainte, à dominer la concupiscence naissante et à instaurer avec les autres des rapports d'amour véritable. Cela ne s'obtient pas sans une vraie formation à l'amour authentique et à l'usage correct de la sexualité, capable d'introduire la personne humaine selon toutes ses dimensions, et donc aussi son corps, dans la plénitude du mystère du Christ.

Il sera très utile d'enquêter sur les causes de ce phénomène, même dans son aspect psychologique et sociologique, pour arriver à trouver une thérapie adéquate.

b) *Unions libres de fait*

81.   Il s'agit d'unions qui n'ont aucun lien institutionnel publiquement reconnu, ni civil, ni religieux. Ce phénomène, toujours plus fréquent, ne peut pas ne pas attirer l'attention des pasteurs d'âmes, d'autant plus qu'il provient d'éléments bien divers et qu'en agissant sur eux il sera peut-être possible d'en limiter les conséquences.

Certains, en effet, se considèrent comme contraints à cet état par des situations difficiles d'ordre économique, culturel et religieux, dans la mesure où, en contractant un mariage régulier, ils seraient exposés à un dommage, à la perte d'avantages économiques, à des discriminations, etc. Chez d'autres, on rencontre une attitude de mépris, de contestation ou de rejet de la société, de l'institution familiale, de l'ordre socio-politique, ou encore la seule recherche du plaisir. D'autres, enfin, y sont poussés par l'ignorance et la pauvreté extrêmes, parfois aussi par des conditions de vie dues à des situations de véritable injustice, ou encore par une certaine immaturité psychologique qui les rend hésitants et leur fait craindre de contracter un lien stable et définitif. En certains pays, les coutumes traditionnelles prévoient le mariage proprement dit seulement après une période de cohabitation et après la naissance du premier enfant.

Chacun de ces éléments pose à l'Eglise des problèmes pastoraux ardus, à cause des graves conséquences qui en découlent, soit au plan religieux et moral (perte du sens religieux du mariage, conçu à la lumière de l'Alliance de Dieu avec son peuple; privation de la grâce du sacrement; grave scandale), soit même au plan social (destruction du concept de la famille; affaiblissement du sens de la fidélité, même envers la société; traumatismes psychologiques possibles chez les enfants; affirmation de l'égoïsme).

Les pasteurs et la communauté ecclésiale s'appliqueront à bien connaître de telles situations et leurs causes concrètes, cas par cas; ils auront à cœur d'approcher avec discrétion et respect ceux qui vivent ainsi ensemble; de s'employer à les éclairer patiemment, à les reprendre avec charité, à leur donner un témoignage familial chrétien, autrement dit tout ce qui peut les acheminer vers la régularisation de leur situation. Par-dessus tout cependant, on fera une œuvre de prévention, en cultivant le sens de la fidélité dans toute l'éducation morale et religieuse des jeunes, en les instruisant sur les conditions et les structures qui favorisent cette fidélité sans laquelle il n'y a pas de vraie liberté, en les aidant à mûrir spirituellement, en leur faisant comprendre la riche réalité humaine et surnaturelle du mariage-sacrement.

Le peuple de Dieu interviendra aussi auprès des autorités publiques afin que celles-ci, résistant à ces tendances qui désagrègent la société elle-même et sont dommageables pour la dignité, la sécurité et le bien-être des divers citoyens, s'emploient à éviter que l'opinion publique ne soit entraînée à sous-estimer l'importance institutionnelle du mariage et de la famille. Et parce que, dans beaucoup de régions, à cause de l'extrême pauvreté découlant de structures économiques et sociales injustes et inadaptées, les jeunes ne sont pas dans des conditions leur permettant de se marier comme il convient, il faut souhaiter que la société et les autorités publiques favorisent le mariage légitime grâce à une série d'interventions sociales et politiques de nature à garantir le salaire familial, à prendre des mesures permettant une habitation apte à la vie familiale, à créer des possibilité adéquates de travail et de vie.

c) *Catholiques unis par le seul mariage civil*

82.   Le cas de catholiques qui, pour des motifs idéologiques ou pour des raisons pratiques, préfèrent contracter un mariage civil, refusant ou repoussant à plus tard la célébration du mariage religieux, devient de plus en plus fréquent. On ne peut considérer que leur situation soit semblable à celle de ceux qui vivent ensemble sans aucun lien, car il y a au moins un certain engagement dans un état de vie précis et probablement stable, même si, souvent, la perspective d'un éventuel divorce n'est pas étrangère à cette dé-

cision. En demandant, de la part de l'Etat, la reconnaissance publique d'un tel lien, ces couples montrent qu'ils sont prêts à en assumer aussi les obligations en même temps que les avantages. Malgré cela, l'Eglise ne peut pas non plus accepter cette situation.

L'action pastorale tendra à faire admettre la nécessaire cohérence entre le choix de vie et la foi que l'on professe, et elle s'efforcera de faire tout ce qui est possible pour amener ces personnes à régulariser leur situation selon les principes chrétiens. Tout en faisant preuve à leur égard d'une grande charité et en les amenant à participer à la vie des diverses communautés, les pasteurs de l'Eglise ne pourront malheureusement pas les admettre aux sacrements.

d) *Personnes séparées, et divorcés non remariés*

83.   Divers motifs, tels l'incompréhension réciproque, l'incapacité de s'ouvrir à des relations interpersonnelles, etc., peuvent amener à une brisure douloureuse, souvent irréparable, du mariage valide. Il est évident que l'on ne peut envisager la séparation que comme un remède extrême après que l'on ait vainement tenté tout ce qui était raisonnablement possible pour l'éviter.

La solitude et d'autres difficultés encore sont souvent le lot du conjoint séparé, surtout s'il est innocent. Dans ce cas, il revient à la communauté ecclésiale de le soutenir plus que jamais, de lui apporter estime, solidarité, compréhension et aide concrète afin qu'il puisse rester fidèle même dans la situation difficile qui est la sienne; de l'aider à cultiver le pardon qu'exige l'amour chrétien et à rester disponible à une éventuelle reprise de la vie conjugale antérieure.

Le cas du conjoint qui a été contraint au divorce est semblable lorsque, bien conscient de l'indissolubilité du lien du mariage valide, il ne se laisse pas entraîner dans une nouvelle union, et s'emploie uniquement à remplir ses devoirs familiaux et ses responsabilités de chrétien. Alors, son témoignage de fidélité et de cohérence chrétienne est d'une valeur toute particulière pour le monde et pour l'Eglise; celle-ci doit plus que jamais lui apporter une aide pleine de sollicitude affectueuse, sans qu'il y ait aucun obstacle à son admission aux sacrements.

e) *Les divorcés remariés*

84.   L'expérience quotidienne montre, malheureusement, que ceux qui ont recours au divorce envisagent presque toujours de passer à une nouvelle union, évidemment sans cérémonie religieuse catholique. Et comme il s'agit là d'un fléau qui, comme les autres, s'attaque de plus en plus largement aux milieux catholiques eux-mêmes, il faut d'urgence affronter ce problème avec la plus grande sollicitude. Les Pères du Synode l'ont expressément étudié. L'Eglise, en effet, instituée pour mener au salut tous les hommes, et en particulier les baptisés, ne peut pas aban-

donner à eux-mêmes ceux qui — déjà unis dans les liens du sacrement de mariage — ont voulu passer à d'autres noces. Elle doit donc s'efforcer, sans se lasser, de mettre à leur disposition les moyens de salut qui sont les siens.

Les pasteurs doivent savoir que, par amour de la vérité, ils ont l'obligation de bien discerner les diverses situations. Il y a en effet une différence entre ceux qui se sont efforcés avec sincérité de sauver un premier mariage et ont été injustement abandonnés, et ceux qui par une faute grave ont détruit un mariage canoniquement valide. Il y a enfin le cas de ceux qui ont contracté une seconde union en vue de l'éducation de leurs enfants, et qui ont parfois, en conscience, la certitude subjective que le mariage précédent, irrémédiablement détruit, n'avait jamais été valide.

Avec le Synode, j'exhorte chaleureusement les pasteurs et la communauté des fidèles dans son ensemble à aider les divorcés remariés. Avec une grande charité, tous feront en sorte qu'ils ne se sentent pas séparés de l'Eglise, car ils peuvent et même ils doivent, comme baptisés, participer à sa vie. On les invitera à écouter la Parole de Dieu, à assister au Sacrifice de la messe, à persévérer dans la prière, à apporter leur contribution aux œuvres de charité et aux initiatives de la communauté en faveur de la justice, à élever leurs enfants dans la foi chrétienne, à cultiver l'esprit de pénitence et à en accomplir les actes, afin d'implorer, jour après jour, la grâce de Dieu. Que l'Eglise prie pour eux, qu'elle les encourage et se montre à leur égard une mère miséricordieuse, et qu'ainsi elle les maintienne dans la foi et l'espérance!

L'Eglise, cependant, réaffirme sa discipline, fondée sur l'Ecriture Sainte, selon laquelle elle ne peut admettre à la communion eucharistique les divorcés remariés. Ils se sont rendus eux-mêmes incapables d'y être admis car leur état et leur condition de vie est en contradiction objective avec la communion d'amour entre le Christ et l'Eglise, telle qu'elle s'exprime et est rendue présente dans l'Eucharistie. Il y a par ailleurs un autre motif pastoral particulier: si l'on admettait ces personnes à l'Eucharistie, les fidèles seraient induits en erreur et comprendraient mal la doctrine de l'Eglise concernant l'indissolubilité du mariage.

La réconciliation par le sacrement de pénitence — qui ouvrirait la voie au sacrement de l'Eucharistie — ne peut être accordée qu'à ceux qui se sont repentis d'avoir violé le signe de l'Alliance et de la fidélité au Christ, et sont sincèrement disposés à une forme de vie qui ne soit plus en contradiction avec l'indissolubilité du mariage. Cela implique concrètement que, lorsque l'homme et la femme ne peuvent pas, pour de graves motifs — par l'exemple l'éducation des enfants —, remplir l'obligation de la séparation, « ils prennent l'engagement de vivre en complète continence, c'est-à-dire en s'abstenant des actes réservés aux époux ».[180]

---

[180] Jean-Paul II, homélie à la messe de clôture du VIᵉ Synode des Evêques, 25 octobre 1980, n. 7: *AAS* 72 (1980), p. 1082.

De la même manière, le respect dû au sacrement de mariage, aux conjoints eux-mêmes et à leurs proches, et aussi à la communauté des fidèles, interdit à tous les pasteurs, pour quelque motif ou sous quelque prétexte que ce soit, même d'ordre pastoral, de célébrer, en faveur de divorcés qui se remarient, des cérémonies d'aucune sorte. Elles donneraient en effet l'impression d'une célébration sacramentelle de nouvelles noces valides, et induiraient donc en erreur à propos de l'indissolubilité du mariage contracté validement.

En agissant ainsi, l'Eglise professe sa propre fidélité au Christ et à sa vérité; et en même temps elle se penche avec un cœur maternel vers ses enfants, en particulier vers ceux qui, sans faute de leur part, ont été abandonnés par leur conjoint légitime.

Et avec une ferme confiance, elle croit que même ceux qui se sont éloignés du commandement du Seigneur et continuent de vivre dans cet état pourront obtenir de Dieu la grâce de la conversion et du salut, s'ils persévèrent dans la prière, la pénitence et la charité.

Ceux qui sont sans famille

85.   Je désire encore ajouter quelques mots en faveur d'une catégorie de personnes que je considère, à cause des conditions concrètes dans lesquelles elles doivent vivre — et souvent sans l'avoir voulu —, particulièrement proches du

Cœur du Christ et qui méritent donc affection et sollicitude empressée de l'Eglise et notamment des pasteurs.

Il existe en effet dans le monde un grand nombre de personnes qui malheureusement ne peuvent en aucune façon se référer à ce que l'on pourrait définir une famille au sens propre. De larges portions de l'humanité vivent dans des conditions d'extrême pauvreté, où la promiscuité, le manque de logement, les relations instables et irrégulières, le défaut complet de culture ne permettent pas, dans la pratique, de pouvoir parler de famille. D'autres personnes, pour des raisons diverses, sont restées seules au monde. Pourtant « la bonne nouvelle de la famille » s'adresse aussi à elles.

En ce qui concerne ceux qui vivent dans une pauvreté extrême, j'ai déjà parlé de la nécessité urgente de travailler avec courage afin de trouver des solutions, même au niveau politique, qui permettent de les aider à surmonter cette condition inhumaine de prostration. C'est un devoir qui revient, de façon solidaire, à toute la société, mais d'une manière spéciale aux autorités en raison de leur charge et donc de leur responsabilité, comme aux familles, qui doivent faire preuve d'une grande compréhension et d'une volonté d'entraide.

A ceux qui n'ont pas de famille naturelle, il faut ouvrir davantage encore les portes de la grande famille qu'est l'Eglise, laquelle prend un visage concret dans la famille diocésaine et paroissiale, dans les communautés ecclésiales de base ou dans les mouvements d'apostolat. Personne n'est sans famille en ce monde: l'Eglise est la maison et la famille de tous, en particulier de ceux qui « peinent et ploient sous le fardeau ».[181]

[181] Cf. *Mt* 11, 28.

CONCLUSION

86.   Vers vous, époux, vous, pères et mères de famille;

vers vous, jeunes gens et jeunes filles, qui êtes l'avenir et l'espérance de l'Eglise et du monde et qui serez, à l'aube du troisième millénaire, le noyau actif et vital de la famille;

vers vous, vénérables et chers Frères dans l'épiscopat et le sacerdoce, chers fils et filles religieux et religieuses, et vous, âmes consacrées au Seigneur, qui êtes les témoins devant les époux de la réalité ultime de l'amour de Dieu;

vers vous tous, hommes au jugement droit, qui à un titre ou un autre vous préoccupez du sort de la famille,

je me tourne avec une ardente sollicitude en achevant cette exhortation apostolique.

L'avenir de l'humanité passe par la famille!

Il est donc indispensable et urgent que tout homme de bonne volonté s'emploie de toutes ses forces à sauvegarder et à promouvoir les valeurs et les exigences de la famille.

Je me sens poussé à demander à ce sujet un effort particulier aux fils de l'Eglise. Dans la foi, ils ont une pleine connaissance du merveilleux dessein de Dieu, ils ont donc une raison de plus de prendre à cœur la réalité de la famille, dans ce temps d'épreuve et de grâce qui est le nôtre.

Ils doivent *aimer la famille de façon particulière.* C'est là une consigne concrète et exigeante.

Aimer la famille signifie savoir en estimer les valeurs et les possibilités, en cherchant toujours à les promouvoir. Aimer la famille signifie reconnaître les dangers et les maux qui la menacent afin de pouvoir les surmonter. Aimer la famille signifie faire en sorte de lui assurer un milieu qui soit favorable à son développement. Et c'est encore une forme éminente de l'amour que de redonner à la famille chrétienne d'aujourd'hui, souvent tentée de se décourager ou angoissée par les difficultés croissantes, des raisons de croire en elle-même, dans ses richesses de nature et de grâce, dans la mission que Dieu lui a confiée. « Oui, il faut que les familles d'aujourd'hui se ressaisissent! Il faut qu'elles suivent le Christ! ».[182]

Les chrétiens ont en outre le devoir d'*annoncer avec joie et conviction la « bonne nouvelle » sur la famille,* laquelle a absolument besoin d'écouter encore et sans cesse et de comprendre toujours plus profondément les paroles authentiques qui lui révèlent son identité, ses ressources intérieures, l'importance de sa mission dans la cité des hommes et dans celle de Dieu.

---

[182] Jean-Paul II, lettre *Appropinquat iam,* 15 août 1980, n. 1: *AAS* 72 (1980), p. 791.

L'Eglise connaît la route qui conduira la famille au cœur de sa vérité profonde. Cette route, que l'Eglise a apprise à l'école du Christ et à celle de l'histoire interprétée à la lumière de l'Esprit Saint, elle ne l'impose pas, mais elle ressent en elle-même une exigence imprescriptible de la proposer à tous, sans crainte, et même avec une confiance et une espérance très grandes, tout en sachant que la « bonne nouvelle » comporte aussi le langage de la croix. Or c'est à travers la croix que la famille peut atteindre la plénitude de son être et la perfection de son amour.

Je désire enfin inviter tous les chrétiens à *collaborer, avec cordialité et courage, avec tous les hommes de bonne volonté* qui exercent leurs responsabilités au service de la famille. Ceux qui se dépensent pour son bien, au sein de l'Eglise, en son nom et sous sa conduite, qu'il s'agisse de groupes ou d'individus, de mouvements ou d'associations, trouvent souvent auprès d'eux des personnes ou diverses institutions qui œuvrent pour le même idéal. Dans la fidélité aux valeurs de l'Evangile et de l'homme, et dans le respect d'un légitime pluralisme d'initiatives, cette collaboration pourra être favorable à une promotion plus rapide et plus totale de la famille.

En conclusion de ce message pastoral qui veut attirer l'attention de tous sur les tâches, lourdes mais passionnantes, de la famille chrétienne, je désire invoquer maintenant la protection de la sainte Famille de Nazareth.

En elle, par un mystérieux dessein de Dieu,

le Fils de Dieu a vécu caché durant de longues années. Elle est donc le prototype et l'exemple de toutes les familles chrétiennes. Regardons cette Famille, unique au monde, elle qui a vécu de façon anonyme et silencieuse dans un petit bourg de Palestine, elle qui a été éprouvée par la pauvreté, par la persécution, par l'exil, elle qui a glorifié Dieu d'une manière incomparablement élevée et pure: elle ne manquera pas d'assister les familles chrétiennes, et même toutes les familles du monde, dans la fidélité à leurs devoirs quotidiens, dans la façon de supporter les inquiétudes et les tribulations de la vie, dans l'ouverture généreuse aux besoins des autres, dans l'accomplissement joyeux du plan de Dieu sur elles.

Que saint Joseph, « homme juste », travailleur infatigable, gardien absolument intègre de ce qui lui avait été confié, garde ces familles, les protège, les éclaire toujours!

Que la Vierge Marie, qui est Mère de l'Eglise, soit également la Mère de l'« Eglise domestique »! Que grâce à son aide maternelle, toute famille chrétienne puisse devenir vraiment une « petite Eglise » dans laquelle se reflète et revive le mystère de l'Eglise du Christ! Elle qui est la Servante du Seigneur, qu'elle soit l'exemple de l'accueil humble et généreux de la volonté de Dieu! Elle qui fut la Mère douloureuse au pied de la croix, qu'elle soit là pour alléger les souffrances et essuyer les larmes de ceux qui sont affligés par les difficultés de leurs familles!

Et que le Christ Seigneur, Roi de l'univers,

Roi des familles, soit présent, comme à Cana, dans tout foyer chrétien pour lui communiquer lumière, joie, sérénité, force. En ce jour solennel consacré à sa Royauté, je lui demande que toute famille sache apporter généreusement sa contribution originale à l'avènement de son Règne dans le monde, « Règne de vie et de vérité, de grâce et de sainteté, de justice, d'amour et de paix »,[183] vers lequel l'histoire est en marche.

A Lui, à Marie, à Joseph, je confie toute famille. Entre leurs mains et dans leur cœur, je dépose cette exhortation: qu'ils vous la remettent eux-mêmes, vénérables Frères et chers Fils, et qu'ils ouvrent vos cœurs à la lumière que l'Evangile rayonne sur chaque famille!

A tous et à chacun, en vous assurant de ma prière constante, j'accorde de grand cœur ma Bénédiction Apostolique au nom du Père, et du Fils, et du Saint-Esprit.

Donné à Rome près de Saint-Pierre, le 22 novembre 1981, solennité du Christ, Roi de l'Univers, en la quatrième année de mon pontificat.

Joannes Paulus PP. II

---

[183] Préface de la messe de la solennité du Christ, Roi de l'univers.

TABLE

INTRODUCTION

PREMIÈRE PARTIE

LUMIERES ET OMBRES
DE LA FAMILLE AUJOURD'HUI

DEUXIÈME PARTIE

LE DESSEIN DE DIEU
SUR LE MARIAGE ET SUR LA FAMILLE

TROISIÈME PARTIE

LES DEVOIRS
DE LA FAMILLE CHRETIENNE

I – La formation
d'une communauté de personnes

II – Le service de la vie

1) *La transmission de la vie*

III – LA PARTICIPATION
AU DÉVELOPPEMENT DE LA SOCIÉTÉ

IV – La participation à la vie
et à la mission de l'Eglise

1) *La famille chrétienne, communauté qui croit et qui évangélise*

2) *La famille chrétienne, communauté en dialogue avec Dieu*

3) *La famille chrétienne, communauté au service de l'homme*

LA PASTORALE FAMILIALE:
ETAPES, STRUCTURES, RESPONSABLES ET SITUATIONS

I – Les étapes
de la pastorale familiale

II – Structures
de la pastorale familiale

III – Les responsables
de la pastorale familiale

IV – LA PASTORALE FAMILIALE
DANS LES CAS DIFFICILES

Imprimerie des Éditions Paulines, 250 nord, boul. St-François, Sherbrooke, Qué. J1E 2B9
IMPRIMÉ AU CANADA